すべての女性を美しく笑顔にいざなうエステの魔法を、アジアへ

クールプロジェクト
代表取締役社長
Masahiko Moto
茂藤雅彦

ESTHETIC MAGIC

C'est un Sens de L'hospitalité.
Le Coeur de Beauté.

ダイヤモンド社

はじめに

みなさんは、「エステティック」という言葉を聞いて、何を思い浮かべるでしょうか。フェイシャル、脱毛、痩身、ネイル、メイクアップ、リラクセーション……あるいは、もっと漠然と、「美容」と考える人もいるかもしれません。

今、日本で「エステ」と呼ばれているものには、これらすべての意味が含まれているように私には思えます。それくらいエステティックの定義は幅広く解釈は自由ですが、その根底にあるのは、「いつまでも、身心ともに美しくありたい」という、女性の切なる思いなのではないでしょうか。

エステティックとは、フランス語の「esthétique」が語源で、本来は、「美」や「美意識」「審美眼」などを意味します。

日本にエステティックが伝わったのは意外に古く、明治時代、美容室などで行われていた美顔術が最初といわれます。1970年代以降はトータルな全身美容として位置づけられ、今では多くの女性たちが「エステティックサロン（以下、サロン）」に通うようになりました。

一方で、施術をするエステティシャンには、理容師や美容師のように国家資格があるわけではなく、業界団体などが認定する民間資格はあるものの、それがサロンの開業に必須というわけでもありません。極端なことをいうと、独学で技術を身につければ、誰もが明日からでもエステティシャンを名乗ることができてしまうのです。

そんな事情もあって、エステティック業界ではさまざまな会社、あるいは個人が参入しては撤退するという事態が繰り返されています。

かくいう私も、会社を設立する直前までエステティックに関してはまったくといっていいほど何の知識もありませんでした。

そんな私が、なぜこの業界に参入することになったかというと、そもそもは友人女性からサロンに関するクレームを聞いたことが始まりでした。

「無料キャンペーンに当選」といったおいしい話で巧みに契約に持ち込まれ、ふたを開けてみると高額商品を買わされたなど、複数の友人女性から立て続けに同じような話を聞いたのです。しかも、それらはすべて別々のサロンでの話でした。

「女性の『きれいになりたい』という繊細な気持ちにつけ込んで、なんてひどい商売なんだ！」というのが私のエステティックに対する最初の印象です。しかし、私に話を聞かせてくれた女性たちはみな、それほどひどい目に遭っても「やはりエステティックに行きたい」と言うのです。

そこで私は思いました。

「美しくありたいと願う女性の気持ちに、真摯《しんし》に応えるサロンをつくろう」と。

こうして2002年9月、クールプロジェクト（COEUR PROJECT）は誕生しました。同年10月には、「クールエステティック」の第1号店となる金沢店がオープンします。

目指すのは、単に売上や技術力だけを追い求めない、「顧客満足度でナンバーワンを実現する」サロンです。

「満足」すれば、お客さまはリピートしてくださり、口コミや紹介もどんどん広がっていきます。クールエステティックは創業当時から今までほとんど広告は打たず、この戦略で石川、富山、福井の北陸3県に7店舗を展開してきました。

また、2010年から12年まで、3年連続で「オリコン顧客満足度調査エステサロンランキング」で「特別選出枠」に選定され、12年は同時に、同ランキングの脱毛部門（現在は廃止）で全国第1位をいただきました。

現在は、こうした顧客満足を第一に置くサロンを、中国などアジアの国々に展開する事業に注力しています。

今、中国をはじめアジアの国々では、質の良い日本製品や、「おもてなし」の言葉で表現される日本人特有の行き届いたサービスが広く知られ、「日本製」「日本式」であることが一種のステイタスになっているのです。

特に中国では、この10年ほどの経済発展に伴って、女性の「美」に対する意識が大きく変化しました。つい数年前までクレンジングやメイクをする習慣すらほとんどなかったにもかかわらず、今では富裕層を中心に、女性たちが化粧品やエステティックなどに惜しみなくお金を使うようになりました。

そして、「これからはエステティックの時代」とばかりに、最近は中国でもサロンをオープンする経営者が後を絶たず、彼らに顧客満足を高める経営のノウハウを提供するコンサルティング事業は、当社の主要な柱の一つになっています。


売上を追うのではなく、顧客満足を追うこと。

顧客満足にこだわれば、おのずとお客さまの数は増える。

満足を実感したお客さまは、どんどん口コミを広げてくれる。

口コミと紹介で新規のお客さまが増えるので、広告宣伝費をかける必要はない。


これらを実践するのが、「クール式」の顧客獲得方法です。

広告の支出を抑えられる分だけ、お客さまやスタッフにも還元することができるというプラスの循環も生まれます。

成功の法則とは、実はとてもシンプルなものです。

顧客満足度を上げるためには、スタッフ一人一人が高い技術力を磨くことはもちろんですが、それ以上に、プロとしての意識を確立するための人材教育の徹底が必要不可欠です。一般に、人材の定着率が低いといわれるこの業界にあって、これは、当社の経営戦略の要でもあります。

幸い当社には、創業17年にして勤続10年以上のスタッフもたくさんおりますが、毎年社長の私が自ら行っている新人研修に、このように長期間にわたってモチベーションを維持できる人材の育成ノウハウのすべてが凝縮されていると言っても過言ではありません。

新人研修では、まず人間としての魅力を磨くこと、その上で、お客さまの美しさを内面からひきだすための技術力や提案力を養う方法を徹底して指導します。

さらに、お客さまに笑顔を見せていただくには、私たち自身がいつも明るく笑顔で対応できなくてはなりません。最初は新人の誰もが笑顔をつくることに躊躇《ちゅうちょ》しますが、研修でトレーニングを受けるうちに、自然と笑顔で会話ができるようになるのです。

私は、このような一連の顧客獲得方法や人材育成方法を、エステティック業界全体のマネジメント力向上にも役立てていただきたいという思いから、同業他社の経営者に向けて経営塾の形でノウハウを公開しています。

創業から2019年で17年。
クールプロジェクトには、次なる展望があります。

中でも主眼に置くのは、先述の海外事業です。中国を中心に、ベトナム、ラオスほかアジア諸国での事業展開を本格的にスタートさせています。

「クール式」のサロン経営手法を現地の経営者に教授するスクール事業、および、そこで当社の理念や顧客満足を追求する経営に共感してくれた受講者が、フランチャイズ事業を展開する際の支援などが主な内容です。

また、日本の美容業界で活躍し、「**日本のエステティックをアジアの国々へ**」という、同じ志を持って海外でも事業展開する同業の経営者や、すでに「クール式」を取り入れて、中国でエステティック事業を拡大している現地のビジネスパートナーとも手を取り合いながら、事業という範疇《はんちゅう》を超えた「日本文化の一つとしてのエステティック」を海外に浸透させるべく、共に世界に通じるサービス向上への努力を重ねています。

その一方で、クールエステティック発祥の地である石川と、富山、福井の「北陸地方」という基盤には、これからもこだわりを持って密着していきたいと思っています。

規模の拡大のみを追ってむやみに店舗数を増やせば、それだけサービスの質が落ちてしまいます。私自身の目も行き届かなくなってしまうでしょう。

何より、地元北陸の女性たちを採用し、一流のエステティシャンに育て上げることに私は大きな意義を感じています。地元に雇用を生むのはもちろんのこと、彼女たちには「自分が生まれ育った街の女性たちこそ、最高に美しくなっていただきたい」というプロとしての信念を持ち、自身も一人の女性として輝いてほしい。そして、北陸という地方を拠点にしながらも、世界に通用するサロンで働くことにプライドを持ってほしいのです。

お客さまに常に真摯な態度で接し、お客さまを思いやる気持ちが自身の成長にもつながると信じて、日々努力を惜しまない彼女たちは私の誇りでもあります。

クールプロジェクトの17年間の奮闘と、これからの展望を知っていただき、読者のみなさんと思いを共にできること、私にとってこれ以上の喜びはありません。

2019年10月

クールプロジェクト　代表取締役社長　茂藤雅彦

Contents

第2章

顧客満足度ナンバーワンのエステティックサロンをつくる

第1章

日本式エステティックを中国、そしてアジアへ

クールエステティック金沢店 ウェルカムエントランス

エステを知らない中国への出店

今、中国では、空前の「エステティックブーム」が巻き起こっています。

2019年3月10日～12日、中国・広州で開かれた**中国国際美博会**には、3日間で91万人もの美容業界関係者が来場しました。

かつて、こうした美容博覧会は、安い中国製品を求めにやって来る外国人バイヤーのためのものでしたが、昨今では完全に中国国内の美容業界向けへと変貌しています。

3日間にわたり、当社の出展ブースには現地のエステティックサロン(以下、サロン)経営者が訪れては、当社製の化粧品類を次々と購入していきました。また、当社が行っている、サロン経営と施術に関する日本での研修ツアーにも申し込みが殺到しました。

一大旋風、いいえ、爆風といってもいいほどの勢いです。

◆

今から14年前、当社が初めて中国にサロンを出店した2005年当時には、こんな光景を誰が想像できたでしょうか。

1990年代後半からの急激な中国経済の躍進を背景に、「これからは中国の時代」

中国国際美博会
China International Beauty Expo(CIBE)。エステティックサロンや化粧品メーカー、美容機器製造会社など、美容関連企業による中国最大規模の美容博覧会。年間を通じて上海・北京・深圳で各1回、広州で2回行われ、広州では出展社3800社が30万平方メートルもの広大な展示会場に一堂に会する

とばかりに日本企業がこぞって中国へ市場を拡大していきました。そんな中、当社も「商機は中国にあり」と意気込み、まだ創業間もなかった２００５年9月、サロン出店のために中国市場に乗り込んだのです。

当時の中国人女性は、外出時にメイクをする習慣もなく、「洗うと顔の脂が落ちて、もったいない」と言わんばかりに、クレンジングすらしていませんでした。エステティックメニューの一つである「脱毛」に至っては、「体の毛を剃《そ》られるなんて、辱めを受けるに等しい行為」とすら思われていた時代です。

しかし、そんな状況だったからこそ、私は「これからは、中国がエステティックの一大マーケットになる」という確信を持ち、早々に中国への出店を決断したのです。

ところが、現実には事はそう簡単に進みませんでした。例えば、中国では脱毛施術が医療行為とのグレーゾーンにあることが分かりました。そこで私はさまざまな人脈をたどり、現地の美容整形外科クリニックと提携。院内にスペースを借りて、ようやく上海市に「クールエステティック」の中国第1号店を開くことができたのです。

上海には、企業駐在員の日本人がたくさん住んでいますから、日本人のお客さまから評判が伝わり、中国人のお客さまも増えていくはず。そう考えた私は、1号店に続き、1年4カ月後の２００７年1月には、同じく上海市内に第2号店をオープンしました。

写真／2005年9月、美容整形外科クリニック内にオープンした上海第1号店内と当時のスタッフたち［上］。1号店は、日本人居住区から少し離れた場所にあるビルに入っていた［中］。日本人居住者の多い地区に2007年1月オープンした上海第2号店［下］

1号店は、繁華街とはいえ日本人が多く住むエリアからは遠く、やや不便な立地にあったので、お客さまを車で送迎しなくてはなりませんでした。そこで、日本人居住者の多い場所の近くに、新たに2号店を構えることにしたのです。

2号店は脱毛メインの1号店と差別化を図り、フェイシャルやボディ中心のサロンとして営業を始めました。

この当時、日中関係は決して良好とはいえませんでした。2005年には上海でも大規模な反日デモが勃発、それ以降もデモは中国国内で断続的に発生しました。

日本では連日、ニュースでデモの様子が映像で流され、「中国出張に行ってくる」と言うたびに、周囲からいつも心配されていたのですが、実際は、業務への影響はほとんどありませんでした。上海の現地スタッフの中には、デモのニュース自体を知らない人もいたほどです。

驚いたのは、デモよりもむしろ、日常的に身の回りで頻発する、日本では考えられない「事件」の数々でした。

ある日、2号店に出勤してみると、店の入っているビルの入り口が鎖で封鎖されているではありませんか。実は私たちの店があったビルはまだ建設中であり、現場の労働者たちが、「賃金が支払われていない」と言って封鎖してしまったというのです。

中国では、建物が完成する前でもテナントが営業を始めることはよくあり、それゆえに起こった珍事ではあるのですが、まさか自分の店に入れない事態に遭遇するとは夢にも思いませんでした。ビルのオーナーは、「テナントがお金をくれないから賃金を払えないんだ」と言い張っていましたが、私たちはちゃんと払っていましたから、これは完全な言いがかりです。

そのほかにも、泥棒に入られ、サロンに置いていた現金がすべて盗まれたこともありました。

きわめつけは、突然大きなハンマーを持った男がやって来て、おもむろにビルの壁を壊し始めたことです。

これには、さすがに一瞬言葉も出ませんでした。が、ようやく我に返って何事かと聞けば、まったく悪びれた様子もなく「1階の店舗と2階の店舗を行き来するエレベーターがないから自分で造る」と言うではありませんか。中国の商用ビルでは、内装は各テナントが自分で工事することになっているとはいえ、さすがにエレベーターは「内装」の範疇《はんちゅう》を超えていると思うのが日本人の常識的な感覚でしょう。

これが上海という大都市で起こっているのかと思うと、ただひたすらあぜんとするばかりです。ところが、後から中国ではこれが当たり前だと知って、二度驚きました。

エステは中国人女性に受け入れられなかった

こうした「事件」も含め、現地の文化や国民性、商習慣などの違いを肌で感じながら、それでも少しずつそうした違いを受け入れて事業を拡大しようとしたのですが、正直なところ、経営は思ったほどうまくはいきませんでした。最大の誤算は、「結局、当時の中国人女性に、エステはほとんど受け入れられなかった」ということです。

当社は、顧客満足を第一とする日本式のエステティックを、中国の女性の間に広めたいという熱い思いに駆られて現地に出て行ったわけですが、ふたを開けてみたら結局、最初から最後まで、お客さまは時間とお金に余裕のある日本企業駐在員の奥さまたちばかり。

当時上海には4万〜5万人近い日本人が住んでおり、日本人街や日本語学校もあって、日本語でなんら不自由なく生活できます。そんな日本人居住者の多い場所を狙って出店したのですから、この結果はしごく当然かもしれません。

お客さまからの紹介やフリーペーパーの宣伝効果もあり、日本人のお客さまの集客には成功しましたが、いくらなんでも、もう少し中国人のお客さまが増えるのではないかという期待を持っていたのです。

加えて、毎月1週間ほどの中国滞在は、私にとってかなりの時間と労力を要する仕事でした。しかし、その割には売上の拡大には結びつかず、むしろ持ち出しのほうがどんどん多くなっていきます。

そんな状態が続くようでは損失が広がる一方だと感じた私は、悩み抜いた末、当時サロンで働いていた現地在住の日本人に店を売却し撤退を決意しました。2007年3月、初進出から1年6カ月、2号店オープンからわずか2カ月めのことです。持ち出しも相当な額まで膨らんでおり、創業間もない当社にはかなりの痛手でした。

しかし、後になって考えてみれば、これは今のビジネスにつながる先行投資、授業料だったと思うのです。日本と中国の国民性や商習慣の違いを身をもって体験したことは、現在の中国での事業展開に大いに生かされていると感じています。

中国人の「駆け引き」に見た生きるたくましさ

こうした経験から、私は、中国人とビジネスをする際に肝に銘じておくべきことは何かと聞かれれば、迷わず「中国人は、最後まで交渉して自分の要求を通そうとする人たちである」ことを第一に挙げたいと思います。

例えば、こちらが最初から相手の中国人の希望に近い価格を提示していても、「もっと安く」と何度も何度も交渉をしてきます。これは中国人特有の「**駆け引き**」であり、ごく当たり前に行われていること。彼らに言わせれば、「相手が根負けすれば、当然、自分の勝ち」となるのです。

ですから、商品を売ったときには、「先払い」してもらうことが必須です。後払いにしてしまうと、突然商品をキャンセルされたり、代金を支払ってもらえないリスクが生じます。以前、そのことに気づいていなかった私は、美容機器を後払い契約で売ってしまい、残念ながら代金はいまだに回収しきれていません。

中国出張のたびに「残金を払わないと、次には進めない」とぴしゃりと言うと、そのときは「今度、茂藤社長が中国に来たときには払いますよ」と口約束をするのですが、次に実際に会いに行くと、やはり「次回払います」となり、毎回がその繰り返しです。こうした失敗をしないためには、相手の意図を先読みして、あらかじめ落としどころを決めておくことが大切です。

例えば、現在中国のサロンに提供している研修プログラムでは、当社が事前に綿密なカリキュラムを組んでいるにもかかわらず、直前になって「カリキュラムを変えたい」

駆け引き
中国ではすべての数字が「討価環価(値切り交渉)」で決まるともいわれるほど、あらゆることにおいて交渉や駆け引きが行われると言われることがあります。

そういうときは、相手の意図を理解した上で譲歩できる範囲を探り、「仕上がりが8割でいいなら変更しますよ」と応じるようにしています。

完璧を目指すよりも、相手の要求をかなえることを優先するほうが、お互いストレスが少なくて済みます。これも中国人とビジネスをする際の秘訣《ひけつ》の一つといえるでしょう。それにしてもなぜ、中国人は契約があるにもかかわらず執拗《しつよう》ともいえるほど、最後まで交渉をしたがるのか。私も、最初はその理由がまったく理解できませんでした。それが現在、彼らと一緒に仕事をする中で、次第にその真意が見えてきたのです。

中国は、日本に比べると圧倒的に人口が多く、そして、「もっと金持ちになりたい」「もっと豊かな暮らしがしたい」と、みんなが同じ方向を向いて競い合う争う社会です。逐一相手と交渉しなければ生き残ることができないのです。だからこそ、「契約」というものの認識はあっても、少しでも自分の利益を増やすために最後までぎりぎりの駆け引きをするのです。

「契約は守るべきもの」という日本人的な価値観だけで判断をするのではなく、「ある意味、日本人より生きる力がたくましい」と、私なりに納得できるようになってからは、中国人のビジネスパートナーたちと随分スムーズに付き合えるようになりました。

SNSでやって来た再挑戦のチャンス

では、出店からわずか1年半で、一度は終止符を打ったはずの当社の中国でのビジネスが、なぜ再び始まったのでしょうか。それは、2007年の撤退から9年後のある日、突然大陸からやって来た1本のオファーがきっかけだったのです。

当社は、2010年に初めて「オリコン顧客満足度調査エステサロンランキング」で「特別選出枠」に選定されたこと（63ページ参照）をきっかけに、同業の経営者からマネジメントの手法を参考にさせてほしいと頼まれる機会が増えました。そこで私は、自社の新人研修をオープンにし、彼らを招待して自由に見学してもらっていたのです。

その際、無料で見学する代わりに、研修内容が自分の会社の経営に役立ったと思ったらソーシャル・ネットワーキング・サービス（SNS）で感想を拡散してくれるよう、彼らにお願いをしていました。

すると、口コミがまたたく間に拡散し、新しい見学希望者がどんどん増えていきました。気がつくと、業界関係者の集まる経営勉強会ができ上がっていて、「**クール式**」のマネジメントノウハウが、広がっていったのです。

クール式
適正な料金体系とホスピタリティで顧客満足を追求するエステティックの実現と、それを担う人材を育成するクールプロジェクトのマネジメント手法が、関係者の間でこう呼ばれるようになった（第2章、第3章参照）

SNSでの口コミはなおも止まることなく拡散し、勉強会の話題はやがて国境を越え、中国にまで広がっていきました。そして、2016年のある日、中国から「クール式を学びたい」という最初のオファーがやって来たのです。

中国からの参加希望者はその後も増え続け、今日では、中国のサロン経営者、およびスタッフ向けに、東京と富山でのインバウンドツアー型研修や、中国での派遣型研修を実施するまでになりました。現在、中国で積極的にクール式を拡大しているパートナー企業「科顔麗」共同代表の一人、陳怡さん（105ページ参照）も、かつてはこの勉強会に参加していた一人です。

陳さんは、大学でデザインを学び、デザイン事務所勤務を経てネイルサロン経営を始めた経歴を持つ30代の女性です。

ネイルサロンを軌道に乗せた後は、友人たちと100店舗の点心チェーン店を経営し、その事業で貯めた資金を元手に、「これから中国には、女性が美にお金をかける時代がやって来る。今後数年はエステティック事業に投資したい」と考え、当社との提携を思い立ったと言います。

科顔麗は、陳さん、陳さんと点心チェーン店を一緒に経営していた刘佳君さん、日本に留学経験のある施悦さんの3人が共同代表として経営しています。

中国ではこのような共同経営スタイルはよくあり、また、彼女たちのような若いやり手の女性経営者も珍しくはありません。

「雇われていてはお金持ちになれない」というのが、中国人の考え方なのです。「そこそこの稼ぎで安定した生活をしたい」と日本人が言ったとしたら、「なぜお金持ちになりたくないんだ?」と、彼らは一様に不思議がるでしょう。

たくさん儲けてたくさん遊ぶ、このような発想は、現代の中国人らしい考え方といえるかもしれません。

10年でビジネスのスタイルが一変した中国

「これからは、中国で女性が美容にお金をかける時代がやって来る」と、中国でのエステティック事業に将来性を見いだす先見力。とりわけ日本式のエステティックが、中国の女性に受け入れられると信じ、日本までサロン経営の勉強にやって来るという行動力。30代の若さですでに経営者としての成功体験を持つ手腕と、日本人にも通じる繊細な感覚の持ち主。当社は、そんな陳さんと2017年に業務提携契約を結びました。

クールプロジェクトにとっては、2度目の中国マーケットへの進出となりますが、その事業展開の方法は、10年前とはまったく異なっていました。

今回は当社直営のサロンを現地に出店するのではなく、あくまでも、現地企業との業務提携というスタイルです。当社が最初に上海に出店した頃は、中国資本のサロンがほとんどなかったため、サロンを開業する場合、中国側が日本側に資本提供を求めて事業を行うのが一般的でした。

それが現在では、対等なパートナー同士の関係でビジネスが成り立つようになったのです。資本を投入するほど大きなリスクを負わず、ライセンスや経営ノウハウの提供という形で中国マーケットに参入することができるわけです。

よって、現在中国で「クール式エステティック」の看板を掲げるサロンは、クールプロジェクトの直営店ではなく、科顔麗が本部となって募集したフランチャイズ店舗です。当社が提供しているのは、現地店舗のブランド名である「ボーテ・ド・クール」の使用権、施術技術、スタッフ教育のカリキュラム、および、サロン用機材や化粧品などの商材のみです。

技術研修は、中国・蘇州の研修センターで行うほか、銀座にある当社の東京支社や富山研修センターで行う場合もあります。

中国のサロンスタッフは現地採用の中国人で、当社の管理職が定期的にクール式の技

ボーテ・ド・クール
元来はクールプロジェクトの化粧品ブランド名（BEAUTÉ de Coeur.®）だったが、現在は、中国のフランチャイズ店のブランド名としても用いられている

術指導に赴いたり、新規に店舗がオープンしたときには、最初の10日間だけやはり当社の管理職を店長として派遣するなどのサービスを提供しています。

科顔麗との提携業務は順調で、2019年2月に蘇州で行われた「ボーテ・ド・クール大感謝祭」は、中国の全国ニュース番組で報道されるほど注目されました。

このイベントでは、私や陳さんがサロン経営について壇上でスピーチをするコーナーが設けられました。フランチャイズ店を募集するにしても、実際に会社経営に成功した人の話を聞かないと納得して投資しないのが中国人です。

逆にいえば、中国の消費者は、サービスの質や製品のクオリティを自分で検証して納得するというよりも、「誰がそのサービスや製品を提供・推奨しているのか」を重視する傾向があるように思われます。

例えば中国のSNSで、ある化粧品を大女優が使っているという情報が拡散すれば、その化粧品が爆発的にヒットします。人口が日本の約10倍と、とてつもなく多いだけに、その拡散力たるや日本の比ではありません。情報の発信者が誰であるかで、商品の売れ行きは大きく変わってきます。

陳さんは、なかなかインパクトのあるキャラクターを持った方で、発信者としての話の内容にも説得力があります。

中国のSNS
WeChat（微信・ウィーチャット）に代表される中国のSNSは、インスタントメッセージの送受信のほか、決済手段や身分証などとしても使われており、日本以上に生活インフラとして浸透している

写真／２０１９年２月、クールプロジェクトの中国向けブランド「ボーテ・ド・クール」ユーザーへの感謝祭が蘇州で開かれ、新製品の披露やフランチャイズの募集が行われた

話を聞く人に「成功者の陳さん」という印象を持たせるのが上手な彼女だからこそ、フランチャイズの契約件数が増加しているのではないかと思います。

2019年6月時点で、科顔麗が契約するフランチャイズは中国全土で20店舗にまで増え、さらに、2020年末までに200店舗を目指して拡大していこうと、陳さんと話をしています。

女性の美への意識も驚くほど進化した中国

陳さんのような中国人の経営者が、エステティック事業に投資をしようとするのは、中国人女性の「美」に関する意識が大きく変化し、美容関連のマーケットがものすごい勢いで成長していることが背景にあります。

ほんの十数年前までは、クレンジングもメイクもほとんどしなかった中国人女性たちが、今では一変して、自分自身をいかに美しく見せるかを競うように、美容やおしゃれなど**「美」にお金を費やす**ようになっています。

化粧やファッション、ヘアスタイルにとどまらず、脱毛すら否定していた彼女たちが足しげくエステに通い、あるいは、カラーコンタクトを入れ、美容整形や脂肪吸引も抵

「美」にお金を費やす
ヴァリューズの調査によれば、国境を越えたECの利用や訪日経験のある中国人女性が化粧品に使う月額は日本人女性の2倍以上。また、35歳未満の若い世代でも美に多額の投資をしているという

抗なく利用するといったように、日本人も驚くほどの徹底した「美」への投資に余念がありません。

中国でまず最初に起こった美容に関するブームは、韓国コスメでした。それが、2015年に日本政府が中国人に対するビザの発給要件を緩和したことで日本に旅行しやすくなり、日本の化粧品や美容サービスに触れる人が増えました。彼らから日本製の良さが口コミで広がって、中国の消費者の関心は、次第に韓国製から日本製へと移っていったのです。

実際、日本にやって来る中国人観光客の数は、この十数年間で劇的に増えています。日本政府観光局（JNTO）の統計によれば、2005年の訪日中国人観光客数は年間約65万人。それが2008年には100万人を突破し、2018年は約840万人にもなりました。

しかも中国人観光客の関心は、一時大ブームだった「爆買い」に象徴される「モノ」の消費から、心に残る体験型の「サービス」消費にシフトしています。

その流れの中で、日本でエステティックサービスを体験する人も少なくありません。日本人に特有の、お客さまに対するきめ細かな「おもてなし」の心遣いにあふれるエステティックは、中国の人々のみならず、世界中の人々を引きつけています。

「日本式」というステイタスを意識した商品開発

私は、会社創業時から一貫して、「顧客満足」にこだわってきました。もちろんそれは、中国での事業においても変わりありません。

ただし、日本人の好みをそのまま持ち込んでも、中国のお客さまに受け入れられるわけではありません。満足してもらうためには、その国の人の好みを熟知した上で、商品やサービスをアレンジすることが必要なのです。

今の中国では、先ほどお話しした、「おもてなし」の心に通じる「日本式」、また「日本製」であることが、一つのステイタスになっています。かつて日本の女性がフランス製の化粧品に憧れた時代がありましたが、それと同じように、現在の中国人女性は日本製に憧れを抱いているのです。

当社も、中国のお客さまが憧れを感じる「日本式」「日本製」を意識した商品をつくることに力を注いでいます。例えば、中国では、観光で日本を訪れて温泉に入るのがブームになっているので、基礎化粧品には箱根湯本の温泉水を使ったラインを取りそろえています。

また、これは予想外でしたが、クールプロジェクトの創業の地である金沢は日本一の金箔の生産地であるため、金箔入りの化粧品をネット通販で発売したところ、日本語の説明しか出していないにもかかわらず、中国から「どうしたら買えるの？」という問い合わせをたくさんいただきました。

中国は**金色が大好き**なお国柄です。さらにパッケージも漢字よりひらがなやカタカナ表記のほうが受けが良く、かつ、見た目のかわいい、カラフルな商品は特に反響が大きいようです。

前述のように、中国は、日本以上にＳＮＳの影響力が大きな国でもあります。当社は大企業ではない分、このようなネット上の反響を見て、「次はこれが売れそうだ」と思ったらスピーディに商品開発ができる強みがあると思います。

ただし、ＳＮＳの力が大きいだけに、相応のリスクもあるということは自覚しているつもりです。

ヒット商品にコピーが出回るのは常ですし、余談ですが、まったく知らない人に「一緒に写真を撮らせてほしい」と言われて応じたところ、すぐさま、「自分は、クールの茂藤社長と知り合いだ」という説明つきの写真が拡散したなどということもありました。これは、場合によっては当社の信用問題にもつながりかねません。

金色が大好き
金色は高貴さや豊かさを象徴する色として、祝賀を表す赤色と共に中国人が最も好む色。金色地に赤色でデザインされたパッケージの日本製品はよく売れているという中国の人は、豊かになるためなら外部環境の変化を柔軟に受け入れます。その過程で自分に有利な人脈をつくることにもとても貪欲です。これもある意味、日本人にはない生きる上でのたくましさの一つでしょう。

そんな社会で、当社のサービスがどこまで広がっていくのか。

現在、中国でのクール式エステティック事業は、パートナー企業「科顔麗」の本拠地である蘇州を中心に展開していますが、最近は、北京や西安などのサロン経営者からも「一緒に仕事をしたい」というオファーを複数いただいています。

これらのほかの地域でも新たなパートナーと提携し、現地のお客さまの好みをしっかりとリサーチしながら、中国全土にクール式エステティックをどんどん広げていきたいと思っています。

クール式は、成長著しいベトナムへ向かう

経済発展を遂げた中国で、女性が「美」への投資をさかんに行うようになったように、現在、**成長が著しいベトナム**でも中国と同じことが起こるのではないか——。私はそう考え、アジア圏で次に進出する国をベトナムに決めました。

成長が著しいベトナム
ベトナムの2018年の実質GDP成長率は7・1%（ベトナム統計総局）。なお、同年の日本の実質GDP成長率は1・2%だった

ベトナムは、ASEAN（東南アジア諸国連合）で唯一の社会主義国であり、統制が取れていて、国民性も穏やかという印象を受けます。人口も約9370万人（2017年）で、若者が多く購買意欲も旺盛です。

パナソニック、トヨタ、ブリヂストンなど、大手を中心に1800社以上の日本企業が同国に進出しており、2017年からのこれら日本企業による投資額は、年間80億ドル台に急増しています。地理的に日本からも近いため、事業を展開するための好条件がそろっています。

2019年3月、私は、数人のスタッフと共にベトナムのホーチミン市を視察に訪れました。実際に現地に足を踏み入れて、まず直感的に思ったのは、「14年くらい前の上海に似ている」ということでした。

2005年に私たちが初めて中国に進出した頃の上海のように、まだ混沌《こんとん》とはしているものの、これから急速に発展しようとしている街の活気がそこにありました。

ベトナム北部の首都ハノイはイメージが東京と似ていますが、南部のホーチミンは大阪のような雰囲気で、活気のある商業都市です。中国では北京が東京、上海は大阪に例えられているので、そういう点でも上海をほうふつするものがあったのかもしれません。

また、物価は日本の3分の1から5分の1くらいと圧倒的に安いのです。これも14年前の上海と同じです。今の中国の発展ぶりを思えば、ベトナムも、必ず同じように発展し、かなりのスピードで物価も所得も上がっていくはずだと思いました。

ベトナム女性の美意識はというと、進んでいる人とそうでない人の差が激しいように感じました。

現地のカラオケ店に行ったのですが、そこで働いている女性たちは日本製の高級化粧品を使い、サロンで脱毛もしていると言っていました。所得に余裕があるので、美容にお金もかけられるのでしょう。

その一方で、街を歩いている女性を見ると、みながみなメイクをしているわけではなく、化粧品もベトナム製のものを使っている人が多いようです。サロンも、今のところ海外よりは国内資本がメインです。だからこそ、勝機があるといえるのです。

すでにアジア諸国で起こっている日本式ブーム

実は、ベトナムでも、中国やほかのアジア諸国同様、「日本式」が一大ブームになっています。和食も人気ですし、女性たちは日本製の化粧品に憧れを抱いています。

経済成長に伴い、「ジャパンビューティ」はますます注目を集めていくはずです。中国の女性たちが、14年前には想像もつかなかったほど「美」に対して高い意識を持ち始めたように、ベトナムの女性たちも「美」にお金をかける時代が必ずやって来ると、私は確信しています。

ベトナムには、現在クールプロジェクトが中国で展開している事業のスタイルを、そのまま持ち込むつもりです。つまり、スクール事業、フランチャイズ展開、そして化粧品などの商品販売です。

この中でも最初のうちは、商品の販売から始める予定です。

今、中国では化粧品は高いものほどよく売れますが、ベトナムはまだその段階まで来ていません。価格の控えめなものが売れ筋ですが、それでも多くの人々が日本製品に憧れを抱いているため、おそらくそう遠くない将来、高価であっても買いたいという人が増えていくと思っています。

当社では2019年5月、東京支社に日本語の堪能なベトナム人女性を正社員として採用するなど、同国に出る態勢を徐々に整えつつあります。

今後は現地の展示会にも出かけ、さらにマーケティング戦略を練り、良いビジネスパートナーを探して、クール式エステティックの研修やフランチャイズ展開を進めていく計画を立てています。

すでに、スクール事業やフランチャイズ契約についてのオファーもいくつかいただきました。２０１９年から準備を始め、２０２０年からは本格的に事業をスタートしたいと考えています。

果たして、どのくらいの規模のビジネスになるのか。どんな商品やサービスが受けるのか。一気に火がつくのか、５年あるいは10年くらいの時間をかけて少しずつ広がっていくのか。

それらは未知数ですが、近い将来、ベトナムにクール式のサロンが立ち上がっていく姿を想像するだけで、今から心がわくわくします。

さらには、ベトナムのマーケットを育てていくと同時に、「その次はラオスへ」という戦略も検討中です。

ラオスはもともと親日国で、やはり日本製品やサービスの人気が高く、魅力的なマーケットの一つです。

現地のパートナー探しなど、具体的な準備を進めるのはこれからですが、ベトナムでの事業展開を軌道に乗せつつラオスへも進出し、日本発祥の「おもてなし」の心遣いにあふれたクール式エステティックをさらに広めるべく、アジアへの新たな道を切り開いていきたいと思っています。

写真／クール式エステティックを取り入れた中国・昆明のサロンの受付[上]。日本式ブームに合わせて、店内に「日本風」の坪庭を配置した同・杭州のクール式サロン[下]

中国の人と仕事をするということ

学生時代に中国の蘇州に留学したことがあり、その後、上海市内のサロン勤務を経て、２００５年にクールエステティックの上海第1号店で働くことに。２００７年に開店した第2号店では店長を務めました。

開店早々から店舗のあるビルの玄関が工事の人に封鎖されたり、ほかのテナントがエレベーターを造ると言って、いきなりビルの壁をハンマーで壊し始めたりと、〝いかにも中国〟という光景に遭遇する毎日でした。

当時の中国人女性は、外出時にメイクをする習慣すらなく、丁寧にクレンジングして、保湿して……といった基礎ケアすらできていなかったように思います。今日、ここまで美に対してお金をかける人が増えていることも、これまたブームに火がつくと、またたく間に広がる〝いかにも中国〟という光景です。

一方で、２０１７年に科顔麗と業務提携を結ぶ際、経営者の陳怡さんが〝いかにも日本人〟な感性の持ち主だと感じたことが、提携を進める決め手になりました。

陳さんの経営するサロンに指導に行った際、使い終わったタオルやカップなどを陳さんが自ら洗っていたのです。普通ならスタッフがやることを経営者が率先してやるなど、日本人でもなかなかできません。また、彼女の経営するネイルサロンが軌道に乗らなかったときは、1人でひっそりと泣いていたという話も聞き、そんな繊細な一面を持った人なら、一緒に仕事ができるのではと感じたのです。

統括部長兼
東京支社長
八重樫由子
Yuko Yaegashi

第2章

顧客満足度ナンバーワンのエステティックサロンをつくる

クールエステティック福井店 ウェルカムルーム

サロンは北陸に特化、コンサルティング事業が躍進

現在は、主に中国での事業展開に注力するクールプロジェクトですが、ここで当社の生い立ちや事業全般の概要を簡単に紹介します。

組織は、次ページの図のようになっています。全部で8事業部があり、その柱となるのが「エステティック事業部」です。トータルビューティサロン「クールエステティック」と、フェイシャル専門サロン「クールフェイシャルボーテ」は、2002年10月に第1号店の旧金沢店（現在は移転）がオープンしたのを皮切りに、現在も、石川に2店舗、福井に3店舗、富山に2店舗の計7店舗と、北陸地方に特化した事業の展開に注力しています。2019年8月現在、登録会員数は全店合計で5万5000人を超えました。新規のお客さまのおよそ95%が会員のお客さまからの紹介で、紹介された方のうち98~99%が、その後もリピーターとして来店されています。

最初は脱毛コースから始め、その後にフェイシャルやボディのコースもご利用いただくお客さまがほとんどで、長い方では10年、中には母娘で来店されるケースもあり、延べ15年以上のお付き合いになる方もいらっしゃいます。

クールプロジェクト 8つの事業部

商品開発を担当する「ビューティプロダクツ事業部」では、エステティックサロン（以下、サロン）用美容機器と化粧品の開発・販売を行っています。

例えば、ホームケア用痩身機器「ドクター・キャビエット」は、累計で4万台が出荷される大ヒット商品となりました。化粧品のオンラインショップ「ココセレ」を運営する「eコマース事業部」と合わせた物販全体の売上額は、当社の全売上のおよそ20%を占めています。

とりわけ、ここ数年で大きく伸びているのが、「海外事業部」と、サロン経営の研修を行う「コンサルティング事業部」です。

「海外事業部」は、2017年に発足した新しい事業部で、第1章でお話ししたように、中国を中心とする海外の美容事業者への研修事業などを行っています。

海外のサロン経営者やスタッフを、東京支社や富山研修センターに招いて行うインバウンド研修や、当社から中国・蘇州の研修センターへ管理職を講師として派遣する現地研修なども行っており、2018年度は、当社の年間売上約16億円のうち約30％に当たる5億円を売り上げて、早くも主要事業の一つに急成長しています。

研修事業に関しては、すでに2013年から「コンサルティング事業部」で同業他社向けに経営研修を行ってきた経緯があり、この知見が「海外事業部」の仕事に生かされていることは間違いありません。

経済産業省の「平成28年経済センサス―活動調査」によれば、「エステティック業」に分類される事業所は全国に5148あるとのことですが、個人経営などの小規模事業者を含めると実際の数は相当数に上るでしょう。

多くのサロンは、開業してから一定の顧客をつかむと突然の伸び悩みに襲われやすく、そのまま廃業していくケースも珍しくありません。

そんな中、当社は創業以来順調に売上を伸ばしてきたので、同業の経営者の方々から経営手法を伝授するよう頼まれる機会が増え、当初、集客や人材育成の方法をオープンにする無料の勉強会を実施していたことは、26ページでお話しした通りです。

その後も、口コミで参加希望者がどんどん増えていったわけですが、こうなってくるとコストもかかり、さすがにいつまでも無料で続けていくことはできません。「それならば」と、この勉強会を事業化しようということになったのです。

2017年からは、この勉強会を〝勝ち組エステティックサロン経営術〟を指南する「茂藤塾」と名づけて研修事業とし、国内はもちろん、中国をはじめとする海外の経営者にもたくさん参加していただいています。最近では、中国の経営者が派遣するスタッフの参加も増えています。

「顧客満足度ナンバーワンのサロン」をつくる！

2019年で創業17年を迎え、なんとかここまで育ってきた当社ですが、そもそも会社が誕生したのは、ある女性の言葉がきっかけでした。20年近くも前になりますが、その日のことは今でも鮮明に覚えています。

2001年春。外資系生命保険会社を退職して家庭教師派遣業などをしていた私は、金沢市内の居酒屋で久しぶりに大学の同級生3人と再会しました。

茂藤塾
著者が、エステティックサロン経営者やスタッフを主な対象として、人材育成や顧客獲得のノウハウを伝授する研修事業。2017年4月に開講し、日本と中国を合わせ、これまでにおよそ500人が受講した。詳細は、87～99ページ参照

学生時代の話に花が咲いて宴もたけなわになった頃、笑っていた友人女性の一人が突然、深刻な面持ちで「実は、この間……」と切り出したのです。

「駅前の交差点でエステのアンケートに答えたら、『無料キャンペーンに当選しました』って、会社にまで電話がかかってきたの。あんまり言われるので行ってみたら……」

そう言いかけた後、涙目で言葉をつまらせる彼女。よくよく聞いてみると、50万円の化粧品セットを契約するまで家に帰してもらえなかったと言うのです。ひどい話だと思った私は、彼女に消費者相談窓口への相談を勧めました。

その日はなんとなくそれで散会となったのですが、それから数日たっても彼女の悔しそうな顔がどうしても頭から離れないのです。それで後日、ほかの知り合いの女性たちにも何げなく、「エステで嫌な思いをしたことある？」と尋ねてみたところ、次々と出てくるではありませんか。

「90万円分のチケットを買い、30万円分を使い切ったところで何度電話しても予約がいっぱいだと言われ、残り60万円分はブランド品と交換ということにされた」

「個室に案内され、正式契約するまで靴と服を返してもらえなかった」

その頃は、ニードル（針）脱毛に代わって、施術費が10分の1ほどで済むＩＰＬ脱毛が普及し始めた時期です。北陸地方は人口に対するサロン数が全国でも上位に入る地域。

ＩＰＬ脱毛
正式には「インテンシブ・パルス・ライト（Intensive Pulse Light）脱毛」。照射範囲が広く、短時間で広範囲の施術が可能で、現在は多くのサロンで用いられているそんな事情も重なって、競争も激しく契約を巡るトラブルも多かったのでしょう。

ところが、そんな悔しい思いをしたにもかかわらず、「やっぱりエステに通ってきれいになりたい」「月給は手取りで15万円だけど、効果が出るなら両脇の永久脱毛に10万円以上かけてもいい」と、彼女たちは口をそろえて訴えるのです。

「女性が、ここまでして体の悩みを克服し、きれいになりたい気持ちにつけ込んで、なんてあこぎな！　許せない！」

大学では薬学を専攻していただけに、昔から健康や美容に関する思い入れは人一倍あります。話を聞いているうちに自分ごとのように怒りがこみ上げ、思わず、「だったら、俺がちゃんとしたエステをつくってやる！」と腹の底から声が出ました。

しかし、冷静に考えてみると、私はエステに行ったことなど一度もありません。勢い余って宣言はしてみたものの、エステの「エ」の字も知らない自分が、どうやってサロンを開業すればいいものやら、瞬時に途方に暮れてしまいました。

でも、なぜか自信はあったのです。「女性が美しくありたいという願いに適切な料金で応えられるサロンなら、きっとトップを狙える」。そう固く信じてやみませんでした。

というのも、私には、外資系生命保険会社で働いていた時代に、論理的なコンサルティング営業でたくさんの顧客を獲得した経験があったからです。

サロンの開業
エステティシャンは国家資格ではなく、複数の業界団体が独自の資格制度をつくり、資格認定を行っている。特にこうした資格のない人でも開業できるが、開業後10年で90％以上が廃業するといわれる厳しい世界である顧客の多くは、それまで「保険外交員との付き合い」だけで、保障内容もよく分からないまま生命保険に入っていました。そこを私がきちんと説明すると、みな納得して私の勧める保険に入ってくれたのです。

エステティックサロンも同じで、「こんな効果が期待できる施術には、これだけかかりますという説明を尽くし、納得してもらえればおのずとお客さまは集まる」。そう確信した私は、「みんなに安心して来てもらえるサロン」「顧客満足度ナンバーワンのサロン」をつくろうと心に決めたのです。

月に新規顧客200人を獲得した口コミ戦略

2002年9月、クールプロジェクトを設立――。

社名の「クール（COEUR）」は、フランス語で「心」という意味です。「お客さまを思いやる心を大切にする」という気持ちを込めてつけました。お客さまの満足を何よりも重んじる精神は、今も「顧客満足度ナンバーワンのサロンを実現する」という当社の基本方針として息づいています。

会社ができたところで、次の課題はスタッフの募集です。

おもしろいことに、応募者の中には私が外資系生命保険会社で〝伝説の営業マン〟だったことを知っていて、そんな〝有名人〟と一緒に働いてみたいと言ってくれる人たちも少なからずいました。金沢のような地方都市は地元の人間同士のつながりが強く、良くも悪くもすぐに口コミが広がるのです。

このときの創業メンバーの一人が、ビューティプロダクツ事業部の太田礼子部長（70ページ参照）です。彼女とはもともと知り合いだったことに加え、サロンで働いた経験があり、フェイシャルの技術を持っていたので真っ先に採用しました。

もう一人の経験者に店長をやってもらい、後は、美容師から転職した女性と、まったくの業界初心者。この4人のメンバーと一緒にJR金沢駅西口前に第1号店をオープンしました。2002年10月のことです。

とはいえ、オープンしたばかりの知名度もないサロンに、どうしたらお客さまを呼び込めるのでしょうか。

私の知っているある広告代理店の人は、「売上の30％を集客のための広告宣伝費にかけるのがセオリー」と教えてくれました。でも私は、瞬間的に「広告はナンセンスだ！」と思いました。むやみに広告を打つよりも、しっかりと接客し、適正な料金で満足のいく結果を出せば、お客さまは必ず来てくれる。そして、その評判は必ず口コミで広がる

広告宣伝費
エステティックサロンの広告宣伝費は売上の何パーセントが適切かは定かではないが、顧客のリピート率を考慮する必要がある業種のため、効果の検証には「顧客生涯価値（LTV）」が用いられることが多い

写真／2008年1月に移転、オープンした現在の金沢店（石川県野々市市）［上］。2006年4月には福井県に初出店。同県第1号店舗の福井店（福井市）［下］

はずだと信じていたからです。

あまり地元から離れず、代々の土地や家を引き継いで暮らすため、相対的に生活にゆとりのある人が多いのが北陸地方の土地柄です。真面目で働き者という気質も北陸人の特徴の一つであり、共働き世帯が多いことでも有名です。

外資系生命保険会社に勤務していたときも、経済的に豊かで支払いの約束もきちんと守る人が多い北陸のマーケットは重要だという話を聞いていました。

ですから、最初は広告を使わず、手弁当でチラシをつくってスタッフと一緒にそれを街中で配りました。

広告宣伝に費用を使わない分は、お客さまに還元する意味で割引券を用意し、知り合いを紹介していただくと、紹介した側もされた側も割引対象にしました。2人で来店すると適用される「ペア割」も、この当時から始めたものです。

たしかに、「こんな価格で、きちんとした施術をしてくれるのかしら」と、最初は半信半疑で来られたお客さまもいらっしゃいましたが、半年後には口コミだけで新規のお客さまが月に200人も来店されたのです。

その後、ためしに売上の4%だけを広告宣伝費に充ててみたところ、広告を見て100人が来店され、新規のお客さまは合計で月に300人にもなりました。

やがて、オープンして1年がたつ頃には、登録会員数も3000人を数え、既存のお客さまの口コミによる新規のお客さまの獲得に一定の手応えを得た後、少しだけ広告を打ってサロンの認知度を上げていくという戦略は見事に的中したのです。このやり方は、基本的には現在も変わっていません。

業務改善効果とリピーターを生んだモニター制度

こうして、クールプロジェクトは順調なスタートを切ることができました。しかし、最初のうちは割引価格に引かれて来店された新規のお客さまが、当社のファンになって、その後リピーターになっていただくためには、「業界ナンバーワンの顧客満足」を提供しなくてはなりません。

そのために採用した方法の一つが、モニター制度です。モニターになってくれた方には、両脇脱毛の施術料相当額をあらかじめお渡しし、店舗のスタッフには分からないよう一般客として来店してもらいます。そして施術後、スタッフの技術や接客態度など、およそ8項目を評価してフィードバックしていただきます。

この作戦は、「一石三鳥」でした。

一つめは、お客さまの生の声を聞けるという利点があることです。

例えば、「下駄箱にゴミが溜まっていた」「ハンガーの数が足りなかった」など、細かいところまで見て気づいた点を教えてくれますので、それらを10日に1回の店舗会議で発表し、すぐに改善するようにしました。

二つめは、モニターさん自身がリピーターになってくれることです。

次に来店されたときに指摘した箇所が改善されていると、「私の意見を反映してくれた」と、自分の店のように思って継続的に通ってくれるのです。そして、知り合いの方を口コミでどんどん紹介してくれるようになるのです。

三つめは、社員への教育効果です。

どのお客さまがモニターなのか分からないので、スタッフも緊張感を持って顧客対応をするようになります。また、社長の私がダメ出ししても、スタッフがなかなか自分ごととして受け取らない場合もあるのですが、「モニターさんからこう言われたから直すように」と言うと、効果はぐんと上がります。

そのほか、当社が実践している接客の方法、および、社内で共有しているお客さま対応のための心がけなどについては、社員教育の方法とあわせて、第3章で詳しく触れたいと思います。

笑顔の力が「エステティックの魔法の力」に変わる

私たちがお客さまと接する際、最も大切にしているのは常に「笑顔」でいることです。お客さまにリピーターになっていただくのも、まずは笑顔が基本。笑顔は、人が対面するあらゆる場面で大きな力を発揮します。

入社したばかりでまだ技術のない新人でも、ベテランと同レベルでお客さまをおもてなしできる武器、それは笑顔だと、私は日頃からスタッフたちに伝えています。

お客さまは、体に関するお悩みの解消はもちろん、慌ただしい日常からの休息を求めてサロンに来られるのですから、明るく落ち着いた雰囲気の中でお迎えしなくてはなりません。そんな雰囲気をつくるのは、スタッフの笑顔です。

いつも自然な笑顔でいられるようになるためには、やはりそれ相応の訓練が必要です。特に、新人研修では口角を上げて、美しい笑顔を見せることのできる方法を徹底指導しています。

新人スタッフでも、集中して訓練を重ねることで、3カ月もすればついこの間まで普通の学生だったとは思えないほど、美しく自然な笑顔でお客さまと会話ができるようになるのです。

お客さまや先輩スタッフから笑顔が素敵だと褒められると、知らず知らずのうちに自分に自信がわいてきて、何事に対しても気持ちが前向きになります。

そうなると、「お客さまにもっと喜んでいただきたい」「先輩たちのように、良い仕事がしたい」という気持ちが芽生え、お客さまのお悩みや要望をしっかりと聞く姿勢ができ、会話も弾んで、結果として顧客満足度が上がっていく、という好循環が生まれるのです。

お客さまを大切に思う気持ちは、必ず相手に伝わります。

当社のエステティックでお悩みを解決して自信を取り戻し、「気持ちが明るく前向きになった」と言う方々を、私もスタッフたちもこれまでたくさん見てきました。

スタッフの笑顔や優しい手に癒やされることで、お客さま自身の内に秘められた女性としての輝きや美しさがひきだされていく、そんなエステティックが持つ力を、私は、「**エステティックの魔法の力**」と呼んでいます。

60〜61ページでは、そんな「魔法の力」を体感されたお客さまから、各店舗に寄せていただいた感謝の言葉と、それをいただいた現場のスタッフたちの喜びの声を、ごく一部ですが紹介させていただきます。

エステティックの魔法の力
エステで美しくなると気持ちが前向きになり、まるで魔法にかかったように表情や姿勢にも自信に満ちた内面の輝きが現れる——。エステティックには、女性の真の美しさをひきだす力があるという著者の信念を表す言葉

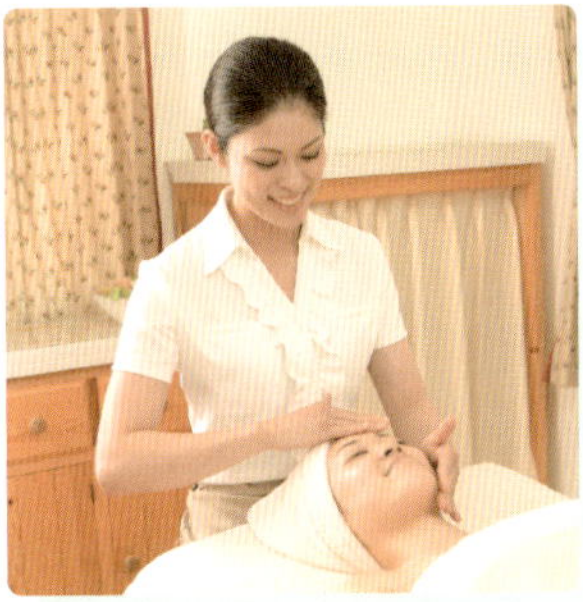

写真／新人の頃から徹底した「笑顔の訓練」を受けることで、誰もが自然な笑顔で顧客に接することができるようになる

お客さまからの感謝の言葉がいちばんの喜び

いつも笑顔を忘れず真摯にお客さまに向き合い、
身心ともに輝いていただくことが
クールエステティックのスタッフの信条です。
お客さまからいただく感謝の言葉は、
スタッフにとって何よりの活力です。
各店舗に寄せられたメッセージの一部をご紹介します。

私よりもひとまわり以上年上のお客さまから、「あなたはいつもきれいだから、あなたの使っているスキンケアを全部使ってまねしてみたいの。いつも楽しそうだから、毎回会えるのがとても楽しみなのよ」とおっしゃっていただきました。（福井店）

これまでの人生で「肌が見えない服を着ていることが多い」と、常に毛の濃さに悩まれていたお客さまが、脱毛の効果に感激されて、「今年の夏は、肌の見える服を着たい。これからもきれいになるのが楽しみ」と、とても感謝してくださいました。（金沢店）

「お友達から『肌がきれいになったね』と言われてとてもうれしかった」と言うお客さまから、「実は、最初は勧められた内容に『そこまで必要？』と思っていました。でも、あのとき勧めてくれてありがとう」と、お礼を言っていただきました。（高岡店）

「エステのお仕事は、ただの世間話じゃなく、美に関する知識やお客さんの興味に沿ったお話をしながら手も動かすなんて、本当にすごいと思う。あなたもほかのスタッフのみなさんもいつも笑顔で本当にすごいね」という、うれしいお言葉をいただきました。（鯖江店）

「結婚式の前に楽しい時間をいただき、そしてとてもきれいにしてくださってありがとうございました。ウエディングドレス姿をぜひ見てもらいたいと思いました」と、結婚式のときの写真が印刷された年賀状を送ってくださいました。（福井店）

オープン当時からのあるお客さまに、本当のお悩みをお聞きできずもどかしい思いでいたところ、連続で担当させていただいた機会に、「実は」とお話をしてくださいました。身心両面の安らぎをお任せいただける感謝が、私のエネルギーの源です。（二口店）

お客さまに７年間通ってくださる車いすのお嬢さまがおられます。この間、同じように車いすをお使いのお友達をたくさんご紹介いただきました。自分に感謝してくださるみなさんがいとおしく涙することもあります。貴重な出会いにとても感謝しています。（鯖江店）

忙しいお仕事をされているお客さまから、「最初は通えるか心配だったけど、周りから肌を褒めてもらえるのでどんどん楽しくなり、気づいたらあっという間に１年以上通っていました。ここに来るのがいちばんの癒やしです」というご感想をいただきました。（金沢店）

「いろいろなサロンに行ってみたけれど合わなかった」と言うお客さまが、お友達から「クールなら大丈夫」と勧められたことがきっかけで来店されました。「笑顔での対応や丁寧な施術は想像以上でした。ここなら安心して通えます」というお言葉をいただきました。（高岡店）

母娘で通ってくださるお客さまが、「いつも母と話をしてるんですよ」と、私のことをお話しされているそうです。「触ってもらうと癒やされます」「いつもここに来るのが楽しみです」とおっしゃる仲の良いお母さまとお嬢さま。こんなうれしい励ましに感謝です。（二口店）

お客さまや仲間と喜びを分かち合う

福祉関係の大学に行っていたのですが、どうしてもエステの仕事をやりたくて、親を説得して退学し、２０１２年にクールプロジェクトに入社しました。

脱毛で来られた20代後半のお客さまが、「全身の毛が濃いことで、外に出ることも、男性とお付き合いすることもできない」とお悩みでした。

そのお客さまが、最初のカウンセリングで「見附さんだからここまで話すことができました」とおっしゃってくださったので、私も責任を持ってお手入れをさせていただきました。

すると、回数を重ねるごとに結果が出てきたため、それにつれてお客さまもだんだん自信がわいて、表情も明るくなり笑顔が増えていきました。

しばらくすると、素敵な方と出会って結婚が決まったそうです。「この人と出会えて結婚できたのも、見附さんと出会えたからです」とおっしゃってくださったその言葉が、今でも忘れられません。

当社は、独身の人でも家庭を持っている人でも、生活環境に合わせた柔軟な働き方ができ、長いお休みも取れるので、女性には働きやすい会社だと思います。

社長からはいつも、「今日1日、何人の人を喜ばせたかを意識してほしい」と言われています。店長としてもっと成長し、お客さまはもちろん、スタッフ同士でも喜び合えるお店づくりを心がけていきたいと思います。

金沢店　店長
見附茉貴
Maki Mitsuke

「オリコン」で認められた顧客満足度

クールプロジェクトにとって一つの転機が訪れたのは、創業から8年後の２０１０年のことでした。この年、当社はオリコンが発表している**「オリコン顧客満足度調査エステサロンランキング」**において、「特別選出枠」に選定されたのです。

規模の拡大よりも「顧客満足」を追求する姿勢を貫いてきたことに、たくさんの方から評価をいただけたことが、ただうれしくてうれしくて、お客さまへの感謝の気持ちでいっぱいになったことを覚えています。

ありがたいことに、翌年、翌々年と3年連続で選定を受け、さらに、２０１２年には、同ランキング脱毛部門（現在、脱毛部門のランキングは廃止）で全国ナンバーワンをいただきました。

前述のように、サロン経営に関する研修事業が「茂藤塾」となり、中国のサロンからも受講に来ていただけるまでに成長したのは、これらのアワードが後押ししてくれたおかげでもあります。

賞をいただいてから、当社はいっそう「本当の顧客満足とは何なのか」について考え

オリコン顧客満足度®調査 エステサロンランキング
当該年の過去2年以内にエステティックサロンで施術を受けた女性1万4０００人を対象に、12の評価項目を設定し、回答結果をランキングとして発表。「特別選出枠」は、規定の回答数に満たなかったが、ランクイン企業と同等の高い評価を受けたサロンが選定される（２０１０～12年当時）。なお、脱毛部門のランキングは、２０１７年以降廃止

るようになりました。そして、たどり着いた答えが、「エステティックは、身も心も満たされる価値をもたらすものでなくてはならない」という原点を忘れてはならないということでした。

ですから、戦略的に行う特別なキャンペーン以外には、他社との安売り合戦でサービスの質を落とすつもりはありません。

創業当初、スタッフからは、「社長、お客さんが来なくなるからうちももっと料金を下げてください」と言われることもありましたが、料金を下げたからといって他店のお客さまがみんなうちに来てくれるわけではありません。

それよりも、お客さまをいつも笑顔で誠心誠意おもてなしし、思い描く理想の自分に近づけるようお手伝いすること。これがクール式の顧客第一主義であり、お客さまに満足していただける唯一の道だと思うのです。

顧客満足度は、「顧客紹介数」に表れます。紹介数が増えれば新規のお客さまが増え、必ず売上は上がります。一時の安売りだけでファンをつかむことはできません。

一方で、「規模を追わない」ことも創業以来一貫しています。今でも店舗を全国に展開するつもりはありません。第1章でご紹介した中国への市場展開も、直営店舗を出店するのではなく、主として現地資本のサロンに当社の製品や経営ノウハウを提供する方法を取っています。

取引先の美容機器メーカーの方から、「社長、全国にお店を出さないんですか」とよく聞かれますが、私はあくまで、今の北陸7店舗に特化した経営をしていきたいのです。まだまだ成長中の若い会社ですから、経営者としてお客さまや社員にきちんと向き合うため、店舗はすべて自分の目の行き届く、自宅から車で1時間以内の距離に置くことにしています。

人を喜ばせることを自分に課してきた

私は本書で、ここまでに何度「顧客満足」という言葉を使ってきたでしょうか。実際に、仕事でもことあるごとにスタッフの前で繰り返し口にするのですが、ただお題目のように唱えているだけでは言葉の真意は伝わりません。

なので、社内では具体的に「1日に何人の人を喜ばせることができるか」を考えて行動しようと呼びかけています。自分が人に喜んでもらったことは、やがてきっと10倍、20倍になって自分に返ってくると思うからです。

私自身は、子どもの頃から、楽しいことが見つかると居ても立ってもも居られなくなり、

「おもしろいことは、みんなと一緒に」と、見返りなど一切気にせずに周囲を盛り上げるような性分だったのです。

小学生のときは地域の行事やお祭りで、中学・高校では学校行事や部活動、大学時代はサークル活動にアルバイトと、とにかく人が大勢集まるところでは常にその中心にいて、「1日に何人の人を喜ばせることができるか」を自分にノルマとして課していたようなところがありました。

はっきりとそれに目覚めたのは、大学生のときに金沢市内のディスコ「マハラジャ」で店員のアルバイトしていたときです。

バブル全盛期の1988年前後、金沢でもマハラジャの人気は絶好調でした。友人に誘われてアルバイトに応募したところ、友人は厨房から、私はホールスタッフからのスタートとなりました。

ホールといっても接客はもちろんのこと、ショータイムにはダンスやパフォーマンスもやります。これが女性のお客さまに大ウケで、おかげさまで出待ちのファンもたくさんできました（笑）。

スタッフは制服の色でランクが分けられますが、私はほどなく最高ランクの「黒服」となり、大勢のお客さまを盛り上げる技にさらに磨きをかけていったのです。

こうお話しすると、ディスコでの接客は一見派手に聞こえますが、それはまったく逆です。

その場の全体のテンションを盛り上げつつも、それぞれのお客さまを心地よくもてなすように気を配るというのは、常に緊張を伴うとてもハードな仕事です。

現在、中国の大きな美容展示会のカンファレンスなど、大勢の方の前でお話をさせていただく機会も増えてきましたが、場の空気をつかみ、集まった人々を巻き込んで楽しいときを共有するための演出のコツは、この学生時代のアルバイト経験で身についたような気がします。

さらに、思えば、多くの経営者やスポーツ選手に影響を与えているメンタルトレーニング研究・指導の第一人者・西田文郎《ふみお》氏が言う「**他喜力**《たきりょく》」を培う上でも、実に貴重な経験だったと思います。

写真／1988年のバブル全盛期に金沢市内の「マハラジャ」のアルバイトで黒服として働き、周囲を盛り上げる喜びと難しさを実感した（21歳当時）

他喜力
西田文郎氏が考案した言葉で、「他人を喜ばせる力」をいう。著者も同氏が主宰する「西田塾」に所属し、「スーパーブレイントレーニング（SBT）1級コーチ」資格を保有する

サロン経営の力を培ったこれまでのキャリア

そんな大学生のとき、まさか自分が将来、エステティック会社の社長になるなど、思ってもみませんでした。私が通ったのは、地元の大学の薬学部でした。本音を言えば、薬剤師になる気はまったくなかったのです。それでも進学したのは、父の「薬学部に行け」という鶴の一声からでした。私の意思とは関係なく父が願書を出し、予定していた東京と関西の大学の受験より前に合格が決まったので、入学が〝自動的〟に決まりました。

私の父は元教員です。中学校の校長を6年ほど務め地元でも名を知られた存在でしたから、「間違いのない安定した仕事に就け」というのは、当然の教えでもありました。

でも、大勢の仲間と一緒に、常に新しく楽しいことに没頭していたい私にとって、4年間の薬学づけの生活は、耐え難いものだったのです。大学を飛び出した私は、叔母のつてで医療機器販売の会社に就職しました。病院を回り、ドクターに医療機器を売る営業の仕事です。

医療機器は高額ですから、当然、値引きを求められます。交渉は大変でしたが、入社3年半でなんとか営業成績も上がってきました。ところがそんな折、外資系生命保険会社から「うちに来ないか」と声がかかったのです。1993年、26歳のときでした。

最初は、自分に保険を売る能力があるかなど、見当すらつきませんでした。しかし、先ほど触れたように、当時はほとんどの人が、保険外交員とのお付き合いの延長で、保障内容もよく分からないままに保険に加入していた時代です。

入社後、トータル・ライフ・コンサルタントや、ファイナンシャル・プランナーの資格を取得した私は、こうした人々に声をかけ、保障内容を数字を示して説明した上で、メリットがあると思われる人には契約を勧めました。保険営業は医療機器と異なり、値引きがありませんから、数字の見通しが立てやすいと感じたことを覚えています。

気がつけば、入社2年目の28歳で当時の最年少課長となり、全国でも上位の営業成績を上げ、年収はボーナスと合わせて4000万円を優に超えるようになっていました。この業績は、石川県では〝伝説〟といわれていたようです。

思えば、薬学の知識、医療機器の営業経験で、今携わっているエステティックをはじめ、美容に関わる仕事に直接役立つ知識を吸収できたと思います。また、保険の営業を通じて、サービス内容を論理的に説明し、顧客に納得してもらう営業スタイルを確立することができました。その時々経験したことが下地となって、現在の顧客満足第一の考え方ができ上がっていったのだと思っています。

創業メンバーとして携われたこと

短期大学卒業後、20歳で地元のエステティックサロンに就職し、後に別の会社に移ってフェイシャル技術を学びました。茂藤社長のことは入社前から知っており、サロンを開業することを聞いてぜひ働きたいと思ったので、面接をしていただきました。それ以来、創業から今日まで一緒に仕事をしています。

第１号店がＪＲ金沢駅西口前にオープンし、エステティック経験者の店長、元美容師、まったくの業界初心者、そして私という女性４人でスタートしました。すると、開店初日から店の電話は鳴りっぱなしで、ものすごい数のお客さまが怒濤《どとう》のように来店されました。当時はＩＰＬ脱毛が普及し始めて、施術費がぐんと下がってきた時期でした。両脇で７万〜８万円というのが平均的な相場でしたが、そこをクールエステティックが当時最新の脱毛機器を使って４万８０００円という安さで売り出したので、大騒ぎになったのです。

最初はそんな「エステ店」だった当社が、２００４年あたりから社員数も増え、社長が企業理念を考えるなど、組織づくりに着手しだしたことを覚えています。

その後、店長やマネージャーを経て、エステ機材開発の関連会社に異動し、大きな美容機材をワンボックスカーに積んで、北海道から四国まで講習に出かけました。茂藤社長のおかげでいろいろな仕事に携わることができましたし、創業時からの会社の成長ぶりを身をもって実感できていることに、深い感慨を覚えます。

ビューティプロダクツ事業部
部長
太田礼子
Reiko Ota

第3章

顧客第一の組織をつくるクール式人材育成の成功法則

クールエステティック鯖江店 ウェルカムエントランス

短期間でプロを育てる体系化された新人研修

前章でお話ししたように、クールプロジェクトが創業以来一貫して目標としてきたのは、「顧客満足度ナンバーワンのサロンを実現する」ことです。

お客さまが当社のサービスに満足を感じていただくためには、技術が優れていることはもちろん、心の底から「お客さまにきれいになっていただきたい」と願いながら仕事に向き合える人材を育てなくてはなりません。

当社に入社してくるのは、ほとんどが生まれも育ちも北陸地方で、石川、富山、福井の高校や専門学校、短大・大学を卒業し、東京や大阪などの都会に出ることなく、そのまま地元で働くことを選んだ若い女性たちです。中途採用者も同様ですが、中には同業他社から移ってくる人もいます。

北陸地方の人は、素朴で温かい人たちです。当社にやって来る女性たちもそんな気質の人たちが多いのですが、都会の女性と比べると、どちらかというと控えめでおとなしい彼女たちを、いかに短い期間でプロのエステティシャンに育てられるか、それが直接、企業としての競争力にもつながります。

クール式人材育成プロセス

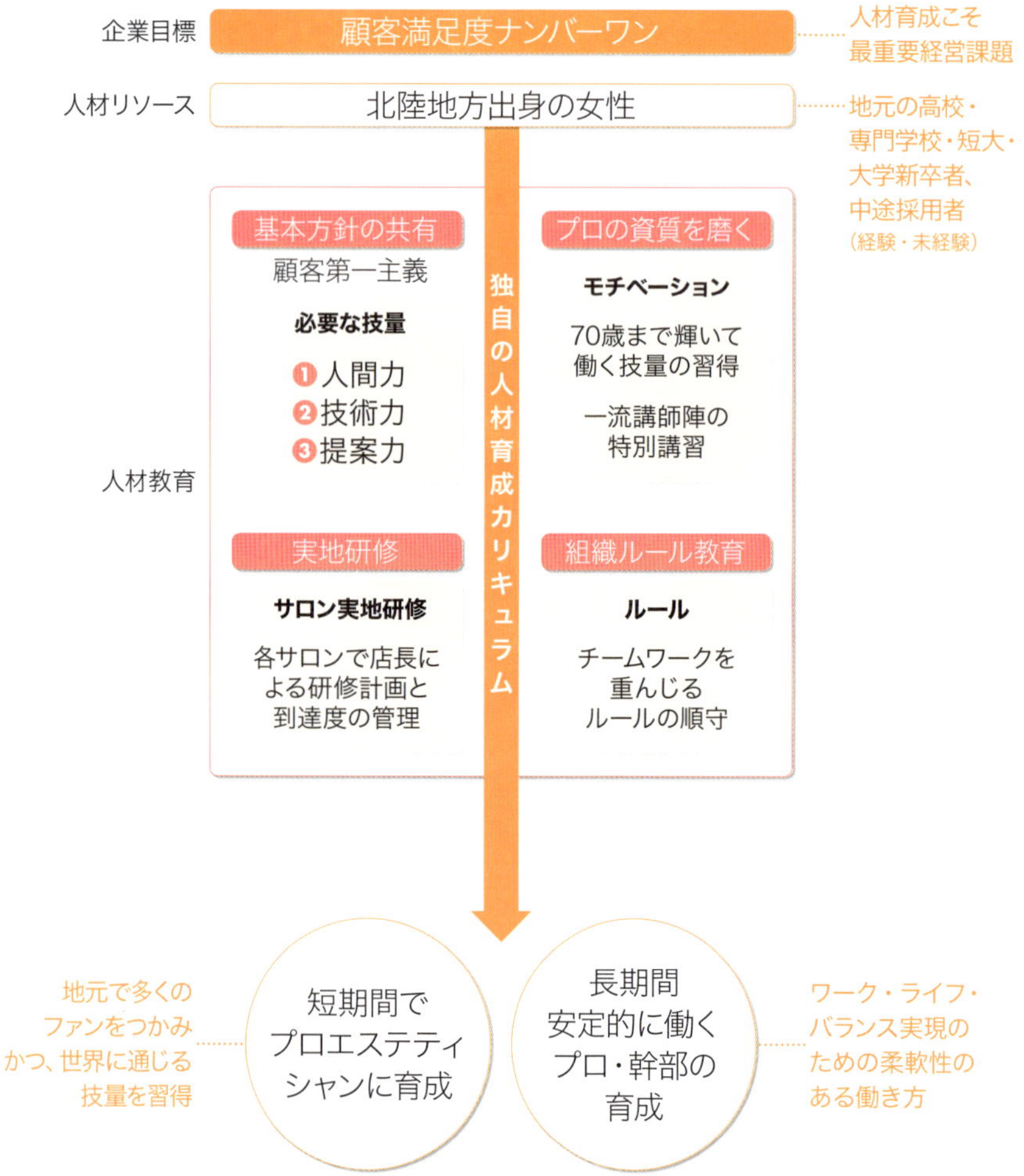

ですから、人材の育成は最も重要な経営課題なのです。

社員には、自分には世界で通用するエステティックの技量があるという自信と、お客さまの信頼に支えられているという感謝の気持ちを持ちながら、一人の女性としていつも輝いていてほしい――。そんな思いを込めつつ、私は試行錯誤しながら独自の人材育成の仕組みをつくり、数年をかけて体系化してきました（右ページの図参照）。

同時に、子どもが生まれるなどライフステージが変わっても、長い期間働いてもらえるよう、ワーク・ライフ・バランスが実現できる仕組みづくりも工夫しています。

第2章でも述べたように、徹底して北陸地方を基盤とした経営にこだわり、店舗を全国に拡大しない理由には、私がスタッフ一人一人と向き合う機会が減ることを避けたいという思いもあります。

それでは、クール式人材育成プロセスのスタートに当たる新人研修を例に、そのエッセンスを紹介していきましょう。

顧客第一主義はチームワークから生まれる

2019年4月1日、今年も地元の学校を出た新卒者と、数人の中途採用者が入社してきました。翌2日は、私がまる1日かけて新人研修を行うのを通例としています。

当社が目指す「顧客満足度ナンバーワン」の意義と、それを実現するための企業組織のあり方を入社したばかりの彼女たちに理解してもらうには、経営トップである私が、自分の言葉で語りかけることが最も効果的だと思うからです。

以前は、すべての新人教育を私自身が行っていたのですが、さすがに社員数が85人となり、石川、富山、福井、東京、中国（蘇州）にも店舗や研修センター、オフィスを持つようになった今は、ロールプレイング大会、および新入社員個々の目標のチェックだけを担当し、それ以外は部長や各店舗の店長の裁量に任せています。

ですから、離れた勤務地で働くスタッフたちが一体感を持ち、共通の目標に向かって進む意識を持ち続けるためには、社長である私以下全員による**企業理念**の共有を徹底する必要があるのです。

また、企業理念を実践するに当たり、当社では「行動指針7カ条」（左ページ上参照）という基本方針を掲げています。

これは、全社員が守るべき最重要事項です。研修では、①の「協調性・チームワーク」、②の「人間力」、③の「提案力、技術力」に、特に重きを置いて講義しています。

エステティックサロン（以下、サロン）の仕事で大切なのは、何よりもチームワークだ

企業理念
クールグループ共通の理念は、「新しいエステティックを開拓する精神」「正しいエステティックを追求する信念」「人間愛の不朽の原理を伝える"心"」の三つ

クールプロジェクト「行動指針7カ条」

1. 協調性・チームワークを大切に育む
2. 人間力を引き上げる。全人格者（ホールパーソン）を目指す
3. 提案力、技術力を磨くために練習好きであること
4. 目標意識を常に持つ
5. 常にお客さまに焦点を合わせる
6. 接客のプロ、接遇のプロであること
7. お客さまにも職場の同僚スタッフにも「おもいやり」の気持ちを持つ

と思います。サロンはある程度長い期間通っていただく場所ですから、お客さまはスタッフ個々の技量もさることながら、チームワークが醸し出すお店の雰囲気に安らぎを感じ、同時に、安心して継続的に来店できるかどうかを判断されます。

チームワークが欠けていると、決してお客さまを心からおもてなしすることはできません。それをしっかりと肝に銘じた上で、プロのエステティシャンとして備えるべき「人間力」「提案力」「技術力」の三つの力を身につけてほしいのです。

ともすれば、エステティシャンは「技術力が先にありき」と思われがちですが、実は技術習得の前提になるのは、「人間力」です。

しかし、人としての魅力がなければ、どんなに優れた技術を持っていてもお客さまはついてきてくれません。お客さまを身心ともに豊かさで満たすことのできる「人間力」という土台の上に、その人の美しさをひきだす「技術力」と、美しさを磨くための方法を伝える「提案力」が両輪として備わって初めて、一流のエステティシャンへの道を歩んでいくことができるのです。

カリスマの技術と顧客に響く提案力を身につける

エステティシャンの技術レベルが高くなれば、必然的にサロン全体の技術レベルも高くなります。当社では定期的に業界の著名人を講師に招き、スタッフに最高レベルの技術を身につけてもらう機会を設けています。

例えば、フェイシャルを担当するスタッフは、カリスマエステティシャンとして有名な髙橋ミカ先生(128ページ参照)の指導を受け、試験に合格しなければなりません。髙橋先生の講習は定期的に行われますが、その都度試験があるので受講するスタッフはみな真剣そのものです。このプレッシャーこそが、むしろ現場のモチベーションを上げる良いきっかけにつながっていると感じています。

写真／現場では「サロンで大切なのは、何を置いてもチームワーク」という考え方が徹底されている［上・中］。技術やマナーなど各分野の一流講師を迎え、定期的に講習会を実施。髙橋ミカ氏の講習に集中する［下］

ですので、技術講習のほかにも、一流の講師を招いてマナー講習などを実施し、スタッフが、多方面からサービスレベルの向上につながるスキルを身につけられる機会づくりを心がけています。

こうした一流の技術に触れる機会がある一方で、個々の技術を磨くために欠かせないのは、77ページの「行動指針7カ条」の③にいう「練習好き」であることです。私は平素からスタッフに、「15年先の自分のために、常に練習してください。そうすれば、70歳になっても仕事を続けられる技術を身につけることができます」という話をよくしています。

実際、学歴や年齢に関係なく、地道に努力を重ねて技術を磨く人を、私は率先して評価してきたつもりです。

何年か前に、新卒で入社した10人余りの中で、高卒者がただ1人だった年がありました。しばらくすると、驚いたことに高卒で最年少の彼女が、平均で10カ月ほどかかる見習い期間を同期入社中最短の6カ月で終えたのです。

私は彼女をすぐに役職に就け、その後、20歳の若さで店長に抜てきしました。その店舗には彼女の母親の年齢に近い40代のスタッフがいたにもかかわらず、彼女はチームをまとめ上げ、2度にわたって最優秀店舗に導くという快挙を成し遂げたのです。

彼女が最初から器用だったかというと、実は、決してそうではありません。人一倍努力し、ひたすら練習を重ねたからこそ大きく成長したのです。

一定レベルの「技術力」が備わると、次は、お客さまに美しさを磨いていただくためのメニューをお勧めする「提案力」を身につけなければなりません。これには、相手の立場に立ってプロとしてふさわしい解決策を提案できる、お客さまの美しくなりたいという「心の振り子」を揺らす能力が求められます。

お客さまは、人には言いにくい体のお悩みをなんとか解消したい一心で当社のサロンに来られるわけですから、提案の内容にはどうしてもナーバスになられます。

ですから、ご期待に沿わない提案は、単なるしつこい営業行為と受け取られてしまいます。また、たとえ良い提案内容であっても、お客さまが受け入れてくださる状況をつくり出せなくては、心の振り子は揺らせません。

例えば、18歳のスタッフが50代のお客さまに提案をするには、50歳という年代の美のトレンドを学ぶ必要があります。年代別の興味や悩みを事前に勉強し、お話を聞きながらお客さまが本当に手に入れたいものを理解することが大前提です。

その上で、心の振り子が揺れるような提案をし、最後に背中を押して決断していただくまでの信頼関係づくりの方法を、新人のうちから徹底して教育します。

女性比率ほぼ100%の会社をまとめていくには？

現在、クールプロジェクトは、全社員85人のうち、男性は、社長の私と、中国市場を担当する私の長男の圭祐、化粧品会社で3年間の修業をへて、2019年に入社した次男の光祐のたった3人という、女性比率が限りなく100%に近い企業です。

創業時のメンバーは、私に加えて女性が4人だったこと、その後の業務拡大の過程で募集したエステティシャンは女性だけであり、現在は彼女たちが店長クラスになっていることから、必然的にこういう形になりました。

女性の多い職場で起こりがちなのが、仲の良い人同士でグループをつくり、そうでない人同士（あるいはグループ）が関わりを持たなくなるということです。これは職場全体のバランスを崩す大きな原因となり、仕事においてチームワークを第一にすえる当社の考え方とは相反します。

そこで私はあえて、社員がチームワークを乱さず仕事ができるように、「**楽しく働くためのルール**」をつくりました。実は、ルールに縛られることを嫌がる男性と違って、女性はルールがあるほうがむしろ働きやすいのだということに気づいたからです。

楽しく働くためのルール
「どのスタッフとも同じ距離を保つ」「感情をコントロールする」「ポジティブな言葉で話す」など、職場のチームワーク維持に関する項目を含め、社員が楽しく働くための50のルールを「クールエステティッククイズム」としてまとめている職場全体のチームワークを維持するには、「どのスタッフとも同じ距離を保つこと」が最も重要です。そうするために、例えば、いくら仲が良くても職場ではニックネームで呼び合わず、相手を「店長」などの役職や「さん」づけで呼ぶよう徹底しています。

ある年、高校、美容専門学校を通して同級生だった仲の良い2人が、一緒に入社してきました。この2人は当社のルールを守り、入社を契機に意識的にお互い距離を取るようになりました。後輩スタッフが、2人が同級生だったことに気づかなかったほどです。

やがて2人は職場で認められて、共に昇進していきました。

管理職にとっても、「どのスタッフとも同じ距離を保つ」というルールが明確だと指導がしやすくなります。部下を注意する際、部下が「私だけが怒られる」「私は嫌われている」という感情を抱くこと自体が、当社のルールを理解できていない証しとなるのですから。

写真／クールプロジェクトの男性陣は、著者（中央）、長男・圭祐（右）、次男・光祐（左）の3人だけ

社内ルールと評価ルールは公正に運用する

ルールは、社員が働きやすい環境を提供するためにつくるものであり、間違っても私が社員をコントロールするためにつくるものではありません。

新しい問題が起こって増やすこともあれば、必要なくなった時点で廃止することもあります。

現場スタッフからの提言でできたルールもありますし、新入社員にも気がついたことをどんどん上司に、場合によっては直接私に言うよう声をかけています。

また、「原因は我にあり」「責任は我にあり」というルールもありますが、これは特に、私に課せられたものと考えています。社員が働きにくい環境を放置すれば、最後は社長である私の責任です。このルールだけは、永久に変わらないでしょう。

大切なのは、社長であれ新人であれ、組織のルールは公正に運用されなくてはならないということです。それは社員評価のルールでも同様です。

当社の社員評価は、「個人の売上30％」「チームの売上30％」「人間性30％」「役務の消化10％」の割合で行います。個人の売上の評価が１００％だと、スタッフ同士でお客さまの取り合いになってしまいます。

既存のお客さまからの追加契約に対する評価は、「個人の売上30％」「チームの売上30％」で行い、契約に貢献できなくても、施術など「役務」の消化に取り組めば、それも評価対象となります。さらに、これらにルール順守などの人間性の評価を加えてバランスを整えます。

ライフステージに合わせて働き方を選択できる

女性比率がほぼ100％という当社で、社長として社員が長く働ける環境を考えたとき、真っ先に浮かんだのが働き方（雇用形態）の多様化でした。

社員が結婚し、子どもが生まれて……とライフステージが変わっていくごとに、そのときそのときで最適なワーク・ライフ・バランスを実現できるよう、「グローバルスタッフ」「レギュラースタッフ」「パートナースタッフ」の**三つの働き方**を自由に選択できるようにしたのです。

「グローバルスタッフ」（フルタイム勤務）と「レギュラースタッフ」（時短勤務）は正社員ですが、「パートナースタッフ」はいわゆるパート社員です。

三つの働き方
三つの働き方のうち、「パートナースタッフ」は、出産後の社員から提案を受けてつくられた制度。産休明けの復職率アップに貢献している

最初はグローバルスタッフとして働き、結婚して子どもが生まれたら、パートナースタッフに、小学校に行くようになったらレギュラースタッフ、手が離れたらまたグローバルスタッフに戻るというように、ライフステージや家庭環境によって柔軟に働き方を変更でき、誰もが長きにわたって働き続けられる仕組みを整えました。

なお、働き方は管理職への昇進を制限する条件にはなりません。パートナースタッフの店長もいるように、役職はあくまで実力本位で決まります。こうした仕組みづくりの成果もあって、現在は、勤続8年以上のスタッフが全体の約60％を占めています。

働きやすい環境づくりに加え、私は、仕事は常に〝わくわく〟しながら前向きにやるということをモットーにしていますから、社員も同じようにわくわくしながら働いてほしいと思っています。

写真／2019年上半期終了会議の後で。結婚や出産後もライフスタイルに合った柔軟な働き方を選ぶことができ、楽しく働くためのルールが機能している会社には、スタッフがわくわくしながら、前向きに仕事に取り組める空気が生まれる

「70歳になっても働けるスキルを身につける」という長期的なモチベーションも大切ですが、目先に楽しみがあったほうがもっとやりがいを感じるのが人間というものです。例えば当社では、売上目標の達成率に応じて年3回、4カ月に一度のボーナスにインセンティブを反映しますが、何といってもいちばん盛り上がるのは、半年に一度、旅行を賞品として実施している社内コンテストです。

売上目標達成率が100％ならハワイ、95％なら沖縄や台湾旅行といった具合に、各職場が一丸となってわくわくしながら目標達成を目指しています。

どんな目標も〝わくわく〟があるからこそ達成できるのです。仲間と一緒にわくわくするからこそ、いっそう強いチームワークが築かれていくのです。

クール式経営手法を同業他社に提供する「茂藤塾」

ここまでは、主に当社における人材育成の方法について紹介してきました。

当社は、この人材育成の方法と、第2章で触れた顧客を増やす手法などを含めた経営全般に関するノウハウをオープンにし、「茂藤塾」というサロン経営のための研修会を開いて同業他社にも提供しています。

エステティック業は、美容業や理容業と比べて、国家資格が不要な分だけ開業時のハードルが相対的に低いのです。それだけに、ある程度固定客がついて売上が上がるようになっても、その後の新規顧客の伸びがぴたりと止まってしまうサロンを私はたくさん見てきました。

ここを突破して勝ち組に入れるサロンは、私の感覚では全体の1割程度だと思います。業界全体のレベルを上げるためにも、自分の培ってきた経営手法をなんとか他社でも役立ててもらえないものか、そう考えたのです。

2017年の「茂藤塾」開講以前に経営者仲間と開いていた勉強会と異なり、受講者の幅は随分広くなりました。例えば、すでに高い業績を上げているサロンの経営者が、次のビジネスチャンスをつかむために受講されたり、中国のサロン経営者が、社員教育のためにスタッフを送り込んできたりといった具合です。

従って、カリキュラムも受講者それぞれに合ったものを個別に提供する方法を取っているのですが、とはいえ、私がどの受講者にも共通して伝えているのは、やはり「顧客満足」についてです。

「今以上に売上を増やしたい」と言う経営者たちに、あえて最初から「売上を追えばお客さまは離れる。お客さまの満足を追えば、新規のお客さまが増える」とお話ししてい

接客必須8原則

1. 挨拶　お客さまが挨拶を返したくなるような、明るく気持ちを込めた挨拶を心がける
2. 身だしなみ　相手が中心であることが大切。「清潔感」「上品」「控えめ」
3. 笑顔　目・口・心で表す。明るく、自然な笑顔で。相手の表情を見る
4. 態度　丁寧、低姿勢、徹底して控えめながらもプロとしての自信を持って
5. 言葉遣い　正しく、丁寧、ゆっくり、聴き取りやすく、柔らかに
6. 姿勢　背筋を伸ばして、常に優雅な態度を心がける。足元や歩き方にも要注意
7. 両手　両手を使うことで「あなたさまのことを大切にしています」という意思を表現できる
8. ハート　お客さまを「きれいにしてあげたい」と熱く思う気持ち

るのです。

お客さまに、ご自分の大切な知り合いを紹介していただくためには、質の良いサービスを提供し続けなくてはなりません。

スタッフがそれを自覚し、自分のファンを増やすためには、技術が優れていることはもちろん、お客さまを思い、声かけをして、要望に適切に応えられるコミュニケーション能力を身につける必要があります。

上に挙げた「接客必須8原則」は、当社がスタッフに徹底している基本ルールの一つです。挨拶、身だしなみ、笑顔……と、一見当たり前に思えることばかりですが、いかなる状況でもこの原則を守れるようになるには、やはりスタッフの教育とトレーニングが必須なのです。

「茂藤塾」では、接客の際の教育をどう行うかまでを詳細に解説するなど、新規顧客の紹介率を上げる具体的な方法をレクチャーします。

既存顧客からの新規顧客の紹介件数が増えれば、必然的に過剰な広告宣伝費をかける必要はなくなります。受講者の方の話を聞いていると、当社とのいちばんの違いは、売上に対する広告宣伝費の割合にあることが見えてきました。

これまで受講したほとんどの経営者が、広告宣伝費をかける割には売上アップにつながらない。とはいえ、広告の出稿を完全に止めてしまうと新規顧客が来ない、という矛盾を抱えています。

であれば、いっそ思い切って広告宣伝費を削り、その分をスタッフの教育に投資し、かつ、待遇を上げることを私は強く勧めています。そうすることで、エステティシャンの質が向上してファンが増え、やがては新規顧客の紹介率も上がるという好循環が生まれるからです。

とはいうものの、こうお話ししても最初はなかなか、本当にそんなことをして大丈夫なのかと疑われ、理解してもらえないことが多々ありました。

しかし、最近では、思い切って私の言うことを実践してみたという受講者から、「昨年より売上が30％伸びました」「広告宣伝費の削減で利益率がアップしました」「利益の増加分をスタッフに還元することで、現場のモチベーションがアップしました」など、大変うれしい報告もいただいています。

「百聞は一見に如《し》かず」で会議や店舗も公開

「茂藤塾」の受講者の定員は、基本的に**10社限定**としています。単なる講習会だけではなく、年間を通じて当社の実際のミーティングや実店舗を見学していただいたり、具体的な経営指導、個別アドバイスを行うため、少数定員制としているのです。

コースには、四半期（3カ月）、半期（6カ月）、通期（12カ月）の三つがあります。年間最大40回開講し、講座が終われば「修了証書（ディプロマ）」をお渡ししています。

毎年、通期で受講されている経営者もいるのですが、その方いわく、「悩んだときにいつでも茂藤さんに相談できるので安いものだ」ということでした。その方のサロンも、「茂藤塾」で得たヒントから業績を上げていると聞いています。

研修や会議、実店舗見学、個別アドバイスの内容は、次ページの通りです。

10社限定
クールプロジェクトの会議や店舗見学の収容人数、個別の経営相談の対応可能キャパシティを考慮し、1コース当たりの参加は10社まで、かつ各都道府県1社に限定（東名阪の大都市圏は例外あり）

① クールエステティック「店長会議」見学（月3回）

当社では、1カ月のうち約10日置きに店長会議、ナンバー2会議、ナンバー3会議を行っており、それを見学していただきます。各店舗のレポートやお客さま対応の結果を知ることができます。

② 新人研修見学（年4回）

新人研修、お客さまへの提案研修、提案のロールプレイング大会など、その年入社した新人向けの年4回の研修に参加していただきます。新人研修で使うオリジナルの「クールエステティック・コンセプトシート」を教材に使いますので、自社の新人教育ツール作成のヒントにもなります。

③ 個別指導による相談、経営面、サロン運営などのアドバイス

受講者のサロンの状況、経営面での悩みに合わせて懇切丁寧にアドバイスをします。

新人研修に入っていただくのは、「クールエステティックイズム」（82ページ欄外参照）を知っていただくことに大きな意義があると考えるからです。

企業理念に始まり、エステティシャンとしてのあり方、女性だけでチームワークの強い組織をつくるためのルールやトレーニングの方法などを理論としてインプットしていただきます。

ただし、講義を聞いただけでは、それらが現場でどう実践されているかが実感しにくい部分もありますので、当社の店舗に来ていただき、スタッフの動きを実際に見てもらうようにしています。

また、1泊2日のスケジュールで受講者の店舗スタッフを数人ずつ当社の店舗に派遣して働いてもらいます。接客はしませんが、クールエステティックの制服を着て、電話対応、姿勢、おじぎの仕方、お客さまに対する話し方などを直接見てもらうのです。

実際、現場を見ていただくことが、経営改善にいちばん効果があります。なぜなら、新人研修で私が説明した企業理念やルールなどが、サロンの現場で実践されている様子を目の当たりにできるからです。

ルールをつくっても絵に描いた餅では意味がありません。当社では、現場でルールが実践されているので、「本当にやっているんですね！」と、多くの方が驚かれます。そこで刺激を受け、「うちもこんなお店にしたい」と体質改善を行い、成功したサロンはいくつもあります。

また、受講者は、ミーティングの様子にも驚かれます。ほとんどの方は、会議で話題に上るのは、売上の数字だと思っています。ですが、当社の場合は、顧客満足度やチームワークについての話題が8割を占め、売上の話は残り2割程度です。

このように、現場で体験していただくのがいちばん分かりやすいのですが、金沢まで足を運べないという方には、動画配信サービス「クールムービー」で店長会議や新人研修の様子を見ていただけるようになっています。

なお、オプションとして、新規にオープンするサロンのスタッフを3カ月間預かり、当社のノウハウを覚えてもらうというような、通常のコースとは別のコンサルティング事業も行っています。

「楽しくないのに、なぜ笑うのか」を説明する

ここ数年の間で、中国でサロンの数が急激に増えているのとまるで歩調を合わせるかのように、「茂藤塾」にも中国人のサロン経営者やそのスタッフが大勢参加するようになりました。

研修は2種類あって、一つは、富山研修センターと銀座にある東京支社で、講義と技

写真／各店舗では、常に社内で決めた正しいやり方でおじぎが実践されている［上］。月次で開かれる店長会議も「茂藤塾」の受講者に公開されている。主に顧客満足度やチームワークについて話し合われることが多い［中・下］

術、接客マナーの実地研修を受ける「インバウンドツアー型」です。もう一つは、当社の管理職が中国・蘇州の研修センターに赴いて研修を行う「派遣型」です。

ツアー型に参加する中国人経営者は、かなりの富裕層で、特に女性が多く、これから100店舗出店したいという方もいれば、個人でサロンをやりたい方などさまざまです。従って、企業規模などの条件に応じて要望をヒアリングしながら、個別にカリキュラムをアレンジしています。その一方で、基本的な部分は国内向けと同じツールを翻訳して使い、同じ内容を同時通訳して講義しています。ただし、経営を行う上でのノウハウとして重要な部分は、より強調してお伝えしています。

むろん、国の文化や習慣の違いがありますから、そこはなるべく具体的に、「なぜ、そうすべきなのか」という理由を挙げて丁寧に説明しています。例えば、顧客満足の考え方に関連して、「おもてなし」の感覚を理解してもらうため、五つ星ホテルとビジネスホテルの違いを引き合いに出して説明するなどの工夫は、逐一必要です。

そんな中でも、いつもいちばん苦労するのが、お客さまに「ひざまずく」ことと、「笑顔で対応する」ことの意味の説明です。

研修では、お客さまにカルテを渡す際に、ひざまずくよう指導していますが、中国ではひざまずく行為が屈辱的ととらえられているため、ほとんどの受講者が嫌がるのです。

習慣の違いゆえにいたし方ないのですが、「エステティックの世界では、当たり前のこと。おもてなしを仕事にするなら、こうしなくてはいけない」と説得しています。

お客さまの前での「笑顔」の大切さについてもなかなかピンとこないようで、決まって「楽しくないのに笑えません」という素っ気ない言葉が返ってくるのです。

しかし、笑顔はホスピタリティにおいて必要不可欠です。「なぜ？」と言われてもなかなか説明は難しいのですが、なんとか理解してもらえるように努力しています。

このように、なかなか苦労の絶えない研修ではありますが、最終的には、さらに深く経営のノウハウを知りたいという方がほとんどで、お客さまへの提案の方法から新人研修の仕方まで、公開できる限りの情報をお伝えしています。

日本固有の「文化」を世界中に浸透させるために

こんな日中間の「習慣」の違いに加え、「国民性」の違いとして驚かされるのが、研修を終えたときの中国人受講者の「修了証書（ディプロマ）」に対するこだわりです。

とにかく、日本に研修にやって来たら、もらえる修了証書はすべてもらって帰りたいといわんばかりの勢いで、当社の研修はもちろん、**国際エステティック美容協会**の研修、

国際エステティック美容協会
IEBA。エステティックの正しい知識と安全な技術の確立を目指し、「IEBA認定エステティシャン検定試験」を実施する一般社団法人。著者が理事長を務める

髙橋ミカ先生の講習と、あらゆる講座の修了証書や資格認定を取得していきます。

中国特有の風景でしょうか。中国のサロンを見ると、とにかくたくさんの修了証書や認定証書が壁一面に貼ってあるのです。

聞けば、中国ではモノやサービスにおける品質の信頼の証しとして、「日本製」というお墨つきは最高だというではありませんか。そんなお国柄にあって、中国のエステティック業界で当社の修了証書が信頼の証しとなれば幸いです。

最近は、こうした地道な努力のかいあってか、「茂藤塾」の研修カリキュラムの内容が中国でさらに広まって、現地のエステティシャン養成スクールからも、指導に来てほしいとのオファーをいただいています。

創業したときから自分がこれと信じて実践してきた企業理念（76ページ欄外参照）と、「顧客満足度ナンバーワン」のサロンづくりのために培ってきた手法が、海外にまで広がっていることは感動の一言であり、支援してくださるみなさんには、ひたすら感謝の気持ちでいっぱいです。

もはや、単にサービスノウハウを輸出するというビジネスの範疇《はんちゅう》にとどまらず、エステティックを通じて、「癒やし」や「おもてなし」といった日本固有の「文化」を世界中に浸透させていくこと、そんな使命感を持って私たちは日々の仕事に取り組んでいます。

写真／中国・蘇州での研修を修了した現地のエステティシャンに修了証書（ディプロマ）を授与する［上］。2018年は、広州でも公開講習会を実施した［下］

みんなが働きやすい環境を整える仕事

サロン全体のマネジメントと管理、採用業務、クレーム対応などを担当しています。部長職になってから、私が心がけていることは三つあります。

一つめは、スタッフが働きやすい環境を整えること。彼女たちのささいな悩みにも自ら気づいて、仕事に集中できるようにしています。

二つめは、スタッフの自発性を大事にすること。スタッフがどうしたいのかを聞いて、やりたいことに楽しんで取り組めるようにしています。私が新人のときに、お客さまにバースデーカードを贈りたいと思い社長にお伝えしたところ、「店長に言ってすぐつくってもらって」と快くおっしゃっていただきました。新人の意見を取り入れていただき、とてもうれしかったので、自分もそのようにありたいです。

三つめは、社長の声とスタッフの声を正確に届けることです。「もっと社長とコミュニケーションを取りたい」という店長の声を社長に伝え、スタッフとの定期的な食事会を快諾していただきました。社長は本当にパワーがある方なので、店舗に来て、「よし、やれる、できる！」と励ましていただけると、みんなが前向きになると実感しています。

私自身も、部長職を任せていただいた際、社長から「あなたにしかない良さがあるから」と後押ししていただきました。社長と出会えて、自分の人生がより良い方向に向いてきたことに感謝しています。

エステティック事業部
部長
穴田紗由莉
Sayuri Anada

第4章

美容業界の一線で活躍する仲間たちと共にアジアへ

クールエステティック高岡店 ホールウェイ

おもてなしの美容文化を仲間と共に海外へ

クールプロジェクトは、2002年の創業から17年間、たくさんのお客さまや美容業界関係者の方々より、温かいご支援をいただいてきました。

今後は日本のみならず、中国をはじめとするアジアの国々のお客さまにも、この「クール式」エステティックの感動をお届けしたいと切に思っています。

アジアの美容関連マーケットは、今後、ものすごい勢いで大きく成長していくでしょう。そんな大海にクールプロジェクトだけでこぎ出していくにはそれなりのリスクも伴います。すでに、2005年に初めて中国にサロンを出店した際、その危うさを身をもって経験しました。

しかし、今回は、とても心強い仲間たちと一緒に新しいマーケットへと向かっています。

その一人は、中国でのビジネスパートナーである科顔麗の陳怡董事長です。中国に一大美容ブームが到来することを予見し、わざわざ日本までクール式を学びに来る行動力と、日本と同レベルのサービスを提供し事業を拡大していることは、第1章でお話しした通りです。

さらに、国内にも私が古くからお付き合いさせていただいている美容関係の企業がいくつかある中で、6社の経営者と共に、「おもてなしの心のこもった日本の美容文化をアジアへ」という同じ志の下、それぞれの強みを生かして協力し、アジアの美容マーケット開拓を進めています。

人生100年時代に、いかに健康を維持するか。プロラボホールディングスの佐々木広行代表取締役会長兼CEOは、体の内側からきれいになる「インナービューティ」の重要性を提唱し、アジアや欧米で広くビジネスを展開されています。

中国で爆発的な売れ行きを見せる美顔器の開発・製造・販売元であるARTISTIC&CO.の近藤英樹代表取締役には、当社の中国向け研修事業に合わせて、業務用美顔器の開発を進めていただいています。

「ハーブピーリングトリートメント」を早い時期から取り入れ、自身も認定講師であるCOZYの東野玲子代表取締役とは、「茂藤塾」に第1期生として参加いただいて以来のお付き合いです。

グラツィアの南代鮎美代表取締役CEOは、美と健康は一体のものという考えから、化粧品販売などに加え、ヨガで精神面の美を保つ総合美容サロンを展開されています。

ピュアリーの志田伊織代表取締役も、エステティックサロンのほかにヨガスタジオを経営されていますが、本業とは別にエステティシャンの仕事への認知向上のため、2020年に10回めを迎える「エステティックグランプリ」の開催に尽力されており、中国でも実現したいと意欲的です。

そして、当社のスタッフに技術指導をしていただいている、カリスマエステティシャンとして有名人の顧客も多いミッシィボーテの髙橋ミカ代表取締役。

そんな各美容分野の一線で活躍する仲間たちが、メッセージを寄せてくれました。彼ら彼女らのアジア美容マーケットへの熱い思いを紹介します。

日本と同じおもてなしを中国で

科顔麗　董事長
陳怡

近年、中国人女性の「美への追求」には、すさまじい勢いがあります。経済発展がめざましく、特に、インターネットの世界では非常に速いスピードで情報が広がっています。その膨大な情報の中には、美容の知識も、次々と登場する新しい商品もあります。誰もが美容の知識を手に入れることができ、すぐに商品を注文することができるのです。ネットを通して世界が広がったことが、エステティックのみならず、ファッションも含めて、「美」を扱う業界が急成長した要因だと思っています。

エステティックの中でも、中国では日本式が大人気です。「ジャパンビューティ」は世界でも注目度が高く、最先端だといわれているからです。また、日本の化粧品は同じアジア人である中国人の肌質に合っていること、高品質で安全性が保たれているという点も、中国で受け入れられている一因ではないでしょうか。

私自身、中国では、これからますますジャパンビューティが支持されるという確信を数年前から持っていました。そんなときに出会ったのが、茂藤社長です。東京で茂藤社長のセミナーを受講し、そのお話に深い感銘を受け、中国でクール式を取り入れたトータルエステティックサロンをオープンすることに決めたのです。クールプロジェクトには、17年のサロン運営実績があり、また、独自の美容機器と化粧品の企画販売実績もあります。講師陣も経験豊富で、最先端の美容知識と技術を学ぶことができるのも大きなポイントでした。

ただ、日本と中国では国民性が大きく違うところもあり、日本のサービスをそのまま中国で再現するのは簡単ではありませんでした。求めるレベルが高すぎたのか、辞めてしまうスタッフも続出しました。ですが、本物の日本式のエステティックを中国で実現するためには、妥協はできません。しっかりと教育をし、エステティシャンのレベルを維持することが必要です。そのため、毎年当社の優秀なスタッフを日本へ派遣し、クール式のエステティックを学ばせています。

そもそも、私たちがクールプロジェクトをパートナーに選び、ビジネスを展開したのは、そのおもてなしの考え方に共感したからです。この感動を中国のお客さまにも伝えるために、今後も、クールプロジェクトから学んだ知識や技術をそのまま中国でのフランチャイズ展開に生かし、正統派の日本式サロンを展開していきたいと思っています。

蘇州に初出店してから、2019年で7年が経過しました。現在はトータルエステティックサロンのほか、ネイルサロン、まつ毛エクステサロンなど十数店舗を展開しています。2020年末までに、中国全土で200店舗にする予定です。

私たちは、クールエステティックが日本でナンバーワンのサロンであることを信じています。そして私たちも、中国でのナンバーワンサロンを目指して、日々努力していきます。これからも引き続き、日本の高い技術とサービスを取り入れていきたいと思います。

Chen Yi

中国のデザイン事務所勤務を経て
ネイルサロンをオープン。
その後、友人らと点心の店をチェーン
展開し、数十店舗まで拡大。
2012年、トータルエステティックサロン
「科顔麗」をオープンし、クール式を
取り入れたサービスを展開している。

業界をけん引するリーダーとしての役割に期待

プロラボホールディングス
代表取締役会長兼CEO
佐々木広行

M.TANAKA

プロラボホールディングスは、2002年に創業しました。最初はハーブティーの販売から始めたのですが、その当時から、北陸に勢いのあるエステティックサロンがあると噂を聞いていました。ぜひとも当社の商品を扱ってもらいたいと思い、ある方の紹介でクールプロジェクトと取引させていただくようになりました。

茂藤さんと実際にお会いしたのはその3カ月後くらいでしょうか。イタリア人のような容姿でインパクトがあり、外資系生命保険会社時代に培われた経営哲学などもお聞きし、一気にその人柄にも引き込まれました。それ以来、一緒にエステティック業界を盛り上げる仲間としてお付き合いさせていただいています。

約1万2000ある当社の取引先の中で、クールプロジェクトは取引高がナンバーワンレベルです。優秀な実績を上げたサロンを表彰する当社主催の『Pro Labo Award』でも、ハーブティー部門で3年連続第1位に輝くなど、「殿堂入り」を果たしています。

現在は、ハーブティーだけでなく、酵素栄養学に基づいて開発した酵素ドリンクなど、体の中からきれいになる「インナービューティ」に着目した、さまざまなサロン向け専売商品を販売しています。

日本の高品質で安全な食材と伝統的な発酵技術、そこにハイセンスなデザインが加わって、海外でもブランドとして受け入れていただいています。中国、ベトナム、マカオ、香港、シンガポールのほか、アメリカ、カナダでも販売させていただいていますが、結局はその国・地域に住む中国人の富裕層が買われていく。やはり、中華系の世界ネットワークは無視できないと感じます。

人生100年時代といわれる今日、やはり大切なのは「健康寿命の延伸」です。いつまでも若々しく美しく生きるためには、外見だけでなく、内面からも体を見直していくことが求められます。

インナービューティのベースは「腸」です。食べ物の入り口は実は口ではなく腸。現代人は基本的に食べすぎで、消化不良によって腸の中で食べ物が腐敗し、悪いものが吸収されて病気やアレルギーを引き起こしていると考えられています。これを食事から見直し、腸をきれいにしていこうというのが当社の製品開発のコンセプトでもあります。

やせるためではなく、消化を休めることによって体の機能を活性化させるためのファスティングに注目し、ファスティングアシスト食をつくったり、専門のサロンを運営したりしています。最近は、アンチエイジングではなく、ウェルエイジングという言葉も出てきています。女性が活躍し、上手に年を重ねていくためには、生きがい、精神的な充実も必要ですが、そのためにはやはりまず健康であることが大切ではないでしょうか。

そのようなインナービューティの意識、またそれに基づいた製品をさらにアジアに広めていくため、3年ほど前から中国で展示会を開催しています。

茂藤さんがすでに中国とのネットワークをお持ちなので、当社の一部の商材をそこで販売していただいていますが、今後、クールプロジェクトのフランチャイズ店が増えてきたときに、クールブランドのインナービューティ商品を共同開発できたらとも考えています。

クールプロジェクトの素晴らしいところは、企業理念をきちんと「仕組み化」し、現場の組織に落とし込んでいることです。立派な理念を掲げるだけなら誰でもできますが、それを実践するのはなかなかできることではない。この業界は、どこも人材育成に悩んでいる中で、スタッフのマネジメントに成功している数少ない企業だと思います。

市場戦略面では、国内では北陸地方というマーケットに特化しつつ、中国のような伸び盛りの海外マーケットにも出て行かれています。

最近、ようやく周りの同業他社が中国に目を向け始めましたが、茂藤さんは先駆けて行動されており、今後は、ベトナムやラオスへの展開も視野に入れるなど、実行力も先見の明もあるなとつくづく思います。グローバルな視点で物事を見られる経営者としても抜きん出た存在です。

クールプロジェクトは、そんな茂藤さんの存在とクール式の人材教育が武器だと感じています。エステティックサロンのマネジメントは難しく、それは中国においても同じでしょう。文化が違うので大変だと思いますが、茂藤さんのことですから、なんらかのノウハウをつくって、中国でも突出した存在になるのではないでしょうか。これからも業界をけん引するリーダーとして一線に立ち続けていただきたいです。

Hiroyuki Sasaki

1968年、神奈川県生まれ。
早稲田大学教育学部を卒業後、セコムを経て
1998年に広告代理店を設立。
マーケティング戦略で高い評価を獲得する。
2002年にエステティックサロン事業を創業。
2007年から「エステプロ・ラボ」ブランドを開発し、
全国1万2000店舗以上のサロンで
専売の内面美容製品を販売している。

アジアの女性に全身美容を広めたい

ARTISTIC&CO.
代表取締役
近藤英樹

M.TANAKA

当社は主に、美容機器の開発・製造・販売を行っています。創業して2019年で12期目に入りますが、最初は主に医療機器を取り扱っていました。当時、私は起業したばかりで医療について何も分からず、美容関係の学会に入って毎日のようにいろいろなドクターにお会いし、美容機器や医療機器を売りに回っていました。茂藤さんと初めてお会いしたのもその頃です。

当時、クールプロジェクトが経営していた美容皮膚科クリニックのドクターに、当社のレーザー機器を購入したいと言っていただいたので、納品のためにうかがったのです。クリニックの中に破れたジーンズにTシャツ姿の男性がおり、ドクターとはかけ離れた人がいるなと思ったら、その人が社長だというではありませんか。今から思えばおしゃれな茂藤さんならではのファッションだったのですが、最初の印象は強烈でした。すぐに意気投合して、その後もよくお会いするようになりました。

茂藤さんは、誠実で男気があり、一度言ったことは必ず実行します。いつも本音で話をし、ハートも熱い。さらに、その熱い信念を人に伝える能力にもたけている。「茂藤塾」に彼を慕う人がたくさん集まるのも分かります。なかなかできないことだと思いながら、いつも見ています。

当社の主力商品は、「ドクターアリーヴォ」という小型美顔器です。名前の通り、ドクターがしっかりと検証を重ねた安全かつ高品質の商品です。

この初期版が出たとき、まだ売り出したばかりなのにもかかわらず、茂藤さんが「これは売れる!」と、当時1台10万円のその美顔器を一度に100台、その後も毎月100台ずつ仕入れて、クールエステティックのサロンで売ってくれたのです。全国を回って1台ずつ売っていた時代に、あり得ないことでした。やがて、お客さまの評判が伝わり、そこからとんとん拍子で売れていくようになりました。「ドクターアリーヴォ」シリーズも進化を続け、今、中国をはじめアジアの国々でも爆発的に売れています。

中国では芸能人が愛用している影響もあり、ブランドとして人気が高く、生産が追いつかない状態です。お客さまにはご迷惑をおかけしましたが、それほど人気が出たのは本当にありがたいことです。茂藤さんが最初に売ってくれなかったら、今、「ドクターアリーヴォ」はここまで売れていなかったかもしれません。

中国に進出して十数年になりますが、中国の変化には本当に驚きます。急成長どころか、ジェット機並みの勢いです。女性の美意識の変わりようもすごい。以前は安ければ何でもいいというような感覚だったのが、今は、高くていいものほど売れます。当社の商品が支持されるのも、そのようなブランド志向とマッチしたからだと思います。

美顔器は、日本だと主に40代以上の方が買われるのですが、中国は20代の方が主流です。若いうちから使っておいて美貌を保つための「予防美容」であり、また、中国人にとって、きれいになることは自分への投資でもあるのです。人より美しくなることで、条件のいい結婚相手と巡り合えるチャンスが増え、高額報酬の仕事が舞い込む可能性も高いからです。

そもそも、美しくなりたいという気持ちは、国籍も年齢も関係なく、すべての女性が持っているもの。そんな女性たちの気持ちに応えるために、当社も商品を進化させ続けていきます。フェイシャル、痩身、脱毛に加え、今は育毛する機器も出てきています。顔だけにとどまらず、全身を美しくするという意味で、「美顔器」ではなく「美人器」で、女性を輝かせたいのです。外面がきれいになると自信が持てて、幸せになれる。心の美容にもつながっていると思います。

日本の企業は、サービスや技術のアピールはするのですが、なかなかビジネスに落とし込めない。それをちゃんとビジネスとして成功させているのがクールプロジェクトだと思います。中国向けの研修事業などは、まさにそうです。その研修事業に合わせ、当社でも中国向けの業務用の機器を開発中です。

茂藤さんは、私にとって、仕事上の仲間というよりは友達といっていい存在です。知り合いはたくさんいますが、彼のように、本当に熱い気持ちを共有して最後まで手を組んでいこうと思える相手はなかなかいません。茂藤さんには人を引きつける力があり、壇上に立つと誰もが真剣に話を聞きます。おもしろいのは、中国でも、現地のエステティシャンたちが同じように彼の話を聞くという点です。言葉が分からなくても、気迫が伝わるのでしょう。

これからのご活躍をますます楽しみにしています。

Hideki Kondo

2008年、岐阜県羽島市にARTISTIC&CO.を設立。美容機器製造・販売のほか、OEM、PB商品も開発。
クールプロジェクトのプライベートブランド「ジェイ・ビー・マシナリー」のヒット商品であるホームケア用痩身機器「ドクター・キャビエット」のOEMも手がける。
関連会社A&C BEAUTEでは、化粧品・美容関連商品を製造・販売。

「茂藤塾」の第1期生であることが誇りです

COZY　代表取締役
東野玲子

私は、「茂藤塾」の第1期生です。私にとって、茂藤社長は、社長というよりも〝塾長〟です。今でも「茂藤塾」の修了証書を事務所に飾っています。

東京の麻布十番でトータルエステティックサロンを経営して8年ほどになりますが、人材の採用や育成で悩んでいたとき、業界紙で「茂藤塾」の塾生募集の広告を見つけました。

実は、それ以前から茂藤社長のお名前は存じあげていて、どこかで最初に茂藤社長の写真を拝見した際に、「うちのダンナに似ている！」と思ったのが、第一印象です（笑）。そんな方が北陸ですごいエステティックサロンをやっている、というのにまず興味を引かれました。

それから、茂藤社長が業界紙に連載されていたコラムも読むようになりました。「茂藤塾」に行きたいと思ったのは、もちろん「生の茂藤社長にお会いしたい」という気持ちもありましたが、何よりも、コラムに書かれていた人材のマネジメントについてのお話を詳しく聞きたくて、即刻金沢まで通うことに決めたのです。

私のサロンで主に行っているのは、フェイシャルエステと痩身、自社ブランド化粧品「RE.YA」の販売です。フェイシャルは、柿の葉やヨモギなど日本のハーブを使った「REVIハーブピーリングトリートメント」がメインです。私自身も認定講師の資格を持ち、カウンセリングの際にはお客さまの肌を診断して、ハーブの調合なども行っています。

高品質の商材にこだわり、結果の出る技術をお客さまに提供していく一方で、難しいと感じているのが、人材の雇用と育成です。スタッフの入れ替わりが多くて、2年くらいで離職してしまうケースが多いのです。地方から出てきた若い女の子たちにとって、都会は刺激が多いので、就職してもすぐに遊びが中心になって仕事は二の次になってしまう。エステティシャンはつらい仕事という認識もあるから、なおさらです。

「茂藤塾」に2年間通わせていただいて、本当にいろいろなことを学ばせていただきましたが、まず最初に取り入れたことは、スタッフの定着率を上げるために「残業をさせない」ということ。それから、ポジティブにものを考えることを徹底したところ、売上が上がりました。

今の若い世代は、ソーシャル・ネットワーキング・サービス（ＳＮＳ）など、スマートフォンの中にある世界がすべてという、内向きな子が多いと感じています。そういう子たちをいかに外の世界に引っ張り出すか。「性格は変えられないので、意識を変える」という茂藤社長の教えを現場で使わせていただきました。

また、茂藤社長が「物事は、小学校3年生の子でも分かるように説明する」とよくおっしゃっていたのも印象的でした。大事なことはきちんと伝えたいのですが、言葉が難しいと聞くほうはそこで耳をふさいでしまいます。

それを分かりやすくするからといって、幼稚になりすぎないよう工夫しながら、「茂藤塾」で学んだことを自分なりにアレンジしてマニュアルにしました。エステティシャンが育つには、本当に時間がかかるので、辛抱できない子は辞めてしまう。そこをなんとか、プロとして働くことの価値を見いだしてほしいと思いながら、こちらも辛抱強く向き合っているところです。

女性が「美しくなること」は「強くなること」だと、私は思っています。「美しくなると、あなた自身の内面も外見も強くなるんですよ」と、お客さまやエステティシャンにも常々そう伝えています。

お化粧をしていないと、つい顔を下に向けてしまいますよね。せっかく女性として生まれたのだから、堂々と前を向いて、美しくあってほしい。そうすることで自信もつきます。

女性が強く美しくなるお手伝いをこれからもしていきたいと思いますし、中国やアジアへ向けても、「美」を発信していきたいと思っています。化粧品は認可が難しいので、美容グッズのプロデュースも考えていますが、今の段階では、まだ夢です。

先日、茂藤社長から「上海美容展示会に参加してみませんか？」とお声かけをいただき、一緒に行ってきました。私は中国語が話せないので、とりあえず笑顔で椅子に座っていただけなのですが、３日間で３００～４００件の連絡先を交換しました。そういった中から新たな道が開けることを望みます。

「茂藤塾」に第１期生として参加できたことを心から感謝していますし、誇りに思っています。

そして、いつも元気な茂藤社長から、私たちは今でもパワーをいただいています。

Reiko Higashino

2007年、ネイルサロン「GreenTea」設立後、
2011年に「R STYLE BEAUTY 麻布十番
エステサロン」を設立。
ハーブピーリングトリートメントを
いち早く取り入れて9年め。
自身もハーブピーリング認定講師として
セミナーなどでも活躍中。
2014年にCOZYを設立し、化粧品「RE.YA」
シリーズの開発、および卸販売を行う。
夫はタレントの東野幸治氏。

経営理念の浸透で、社員は主体的に動く

グラツィア　代表取締役ＣＥＯ
南代鮎美

M.TANAKA

当社の主な事業は、エステティックサロンの経営、ヨガスタジオ・スクールの運営、プロユースコスメ「ディレイア」の販売の三つです。その中でも比率が高いのはコスメ部門。今いちばん力を入れているのが、ヒト幹細胞を使ったコスメです。

今までの化粧品と大きく違うのは、肌の「保湿」ではなく、「再生」を促すという点です。失われたコラーゲンをつくり出す、一度できてしまったシミが薄くなるなどの効果が期待できるのです。こちらはプロ用だけでなく、一般のお客さまに向けたラインも発売しており、リピート率

は50％と、大変好評をいただいています。

また、クールプロジェクトでも扱っていただいているものとしては、痩身用のバンデージもあります。こちらは備長炭を使っています。通常の備長炭を使った商品は印刷なので、洗濯すると落ちてしまうのですが、この商品は生地に配合しているのでそれがありません。こちらも好評をいただいています。

日本はすでに超高齢社会に突入しており、今や65歳以上が総人口の3割近くを占めています。女性が生涯現役でいるためには、美容と健康はセットでなくてはならないでしょう。美しく健康であれば、気持ちも前向きになります。そうでないと、自立も社会的活躍もできません。そのためにも、エステティックや化粧品だけでなく、ヨガも取り入れ、内面、外面、精神面の美を提供していきたいと思っています。

茂藤さんと直接お会いする前から、北陸のサロンが「オリコン顧客満足度調査エステサロンランキング」で、「特別選出枠」に選ばれたという話は聞いていました。それまで特に接点はなかったのですが、たまたま知り合いから「茂藤さんがグラツィアの商品に興味を持っている」と聞き、金沢のサロンにうかがったのです。

まず、迫力ある熱いトークにびっくりしました。話すうちに温厚な人柄も感じられ、こんな人は今までエステティック業界にはいなかったな、と思いました。サロンも素晴らしく、東京では考えられないような広さに圧倒されたことを覚えています。

金沢での茂藤さんの勉強会にも3回ほど行かせていただきました。他社の会議の現場を拝見するのも初めてでしたが、生の現場の声を聞くことができ、とても参考になりました。茂藤さんの話の中には、「マインド」「スキル」「ナレッジ」のビジネスパーソンとして必要な三つの要素がそろっていて、それについて分かりやすくお話しされるので、聞く側にも浸透しやすい。社員ももちろんですが、経営者こそ聞くべきだと思います。

まるで「脳内サプリ」のように脳に新しい感覚が入ってきて、気持ちが切り替わります。ビジネスで使えるだけではなく人間力の向上にもつながり、それも勉強会で得た成果だと思います。

当社にも、もともと経営理念はあったのですが、それが社員にうまく浸透していないと感じていました。茂藤さんの話を聞いてから、「これは自分の言葉で伝えないと」と、月に1回、経営理念研修を行うようにしたのです。茂藤さんの言葉を取り入れたり、自分の経験や本の内容を織り交ぜたりしながら、3時間くらいかけて話すようにしたところ、社員の離職が減りました。

また、以前は自らリーダーになりたいという社員がいなくて、こちらから指名していたのですが、今は自分から立候補する社員が増えました。「会社のビジョンを共有して、自分もそれを目指したい」と言ってくれるようになり、プロ意識を持つようになったのです。こんなにも変わるんだというのを実感しています。

茂藤さんには、「新卒採用の説明会をやったほうがいい」というアドバイスもいただいたので、クールプロジェクトのガイダンスを参考にして行ってみたところ、新卒の応募者も次第に増えてきたのです。

今、クールプロジェクトの中国向けの研修などで、うちの商品もＰＲしていただき、おかげさまで売上は伸びてきています。メイド・イン・ジャパンの商品は、クオリティが高く、テクスチャーやデザインもいいので、そのような商品を中国をはじめアジアの女性にもっと使っていただけるよう、展示会などで広めているところです。

クールプロジェクトが、これから中国やアジアの国々にフランチャイズ事業を拡大する中で、さらに提携させていただけたらうれしいですし、茂藤さんにはこれからもいろいろと学ばせていただきたいと思っています。

Ayumi Nandai

1998年、グラツィア設立。

その後、エステ、ヨガ、アロマ、スクール、ネイルサロンなど総合美容サロンを経営。

2008年、日本ヨガインストラクター協会（JYIA）を設立し理事長に就任。

インストラクターの指導・養成にも力を入れる。

自社ブランド化粧品で、ヒト幹細胞コスメのパイオニアである「ディレイア」は全国5000店舗に導入されているほか、化粧品製造販売業許可を取得し、原料供給やOEM、ODMの企画・開発の提案も行っている。

中国でもエステティックグランプリを

ピュアリー　代表取締役

志田伊織

M.TANAKA

山梨県甲府市で、エステティックサロンを2店舗、ヨガスタジオ1店舗を経営しています。エステティシャンは、お客さまに美しくなってもらうために、本当に努力を惜しまない。しかしその一方で、職業としてまだまだ認められていないとも感じていました。

現場で頑張っているエステティシャンを輝かせてあげたい、称賛したいという思いから、10年前に「エステティックグランプリ」を立ち上げました。全国のサロンとエステティシャンたちが1年かけて予選を勝ち抜いていく、いわばエステティックの甲子園のようなものです。

ボランティアの実行委員も全国から集め、私は第3回まで理事長をしていました。第1回めの大会のときにクールエステティックが決勝まで残ったのですが、その頃から茂藤さんとのご縁がつながりました。茂藤さんの経営ノウハウを知りたくて、金沢の勉強会にも何度か参加させていただきました。

茂藤さんが実践されていることの中でいちばんすごいと思ったのは、「スタッフの早期戦力化」です。4月に入社した社員をすぐに現場に出し、5月にはお客さまへの提案ロールプレイングの練習を行い、たった2カ月で月額売上が100万円を超えるくらいにまで育成してしまう。なぜ、それが可能なのかといえば、茂藤さんは自分の引き出しにあるノウハウを惜しげもなく全部伝えて、実際にやらせてしまうからです。

当社がクール式を取り入れて効果があったと感じたのは、「評価システム」です。それまでは、個人の業績に評価基準が偏りすぎていて、スタッフ同士が対立してしまうことがありました。クールプロジェクトの評価システムは、個人とチームが30%ずつ（84ページ参照）。そこに「楽しく働くためのルール」をピュアリー流に置き換えて現場で徹底するようにしました。ルールに書いてあることと評価システムがマッチしているので、スタッフも生き生きと働くようになりましたし、ボーナスも出せるようになりました。

私は茂藤さんのノウハウのすべてを学びたくて、ずっと茂藤さんを観察しているので、会社のミーティングでも茂藤さんのモノマネをしながら教えをそのまま伝えています。

エステには、二つの美の力があると思います。「美しくなりたい力」と「美しくしてさしあげたい力」です。美を求めるお客さま自身にも、それを提供するエステティシャンにも〝力〟があるのです。

私は自分が初めてエステティックを受けたときに、とても優しい気持ちになれたのですが、あるお客さまから「ピュアリーのエステを受けて優しかった自分を思い出した」と言われたことがあり、同じように感じられた方がいたことがうれしくなりました。

また、人をそのような気持ちにさせるくらい、エステティックには〝力〟があるのだな、とも。それは、「夢や誇りを持ったエステティシャンが日本を美しくする」というエステティックグランプリのスローガンにもつながっています。

サロンで働くのは、ほとんどが女性です。茂藤さんのような方が、現場で教えることによって、自立した女性が育ち、やがて彼女たちが母親となったときに、その教えが子どもたちへも伝わる。そうなれば、社会も良くなるでしょう。教育の原点ともなるような仕事だと思っています。

3年ほど前から「ピュールビオ」という自社ブランドの化粧品の開発・販売を行い、クールプロジェクトのサロンや中国での研修などで扱っていただいています。商品を中国・アジアへと広めるのと同時に、中国でエステティックグランプリのアジア大会みたいなものをみなさんと協力してやれたらと思っています。

クールプロジェクトが中国で研修事業をされているので、そこから優れたエステティシャンが育つはず。そこに日本のチャンピオンを連れて行って、エキシビションのようなことができたらいいですね。

かつては会社が大変なときもありましたが、そんなときも茂藤さんは「志田さんには、志田さんにしかない価値がある」と元気づけてくれました。そのおかげで、今もあきらめずに続けることができたと思っています。

商品も扱って売っていただき、エステティックグランプリにも率先して取り組んでいただき、本当に感謝しています。これからも茂藤さんを見習いながら頑張っていきたいと思います。

Iori Shida

1997年、ピュアリー設立。
経営に携わると同時に、自らも
エステティシャンの国際ライセンスを取得。
2009年、エステティシャンが主役となり、
お互いに学び合える場としての
「エステティックグランプリ」開催発起人の
一人となる。
自社ブランドコスメ「ピュールビオ」シリーズも
中国などで好評を得ている。

日本人の「手」の優しさをアジアの人々へ

ミッシィボーテ　代表取締役
髙橋ミカ

M.TANAKA

茂藤さんとは、仕事で出かけたモルディブで偶然お会いしました。共通の知り合いから紹介されてご挨拶したのですが、そのときは私のことをご存じなかったようで、後になってから、「地元に戻ってスタッフに聞いたら、当たり前だけどみんな知っていた」と、笑いながら話されていました。

私のほうは、クールプロジェクトが国内では北陸地方だけで展開し、その一方で中国でもビジネスを展開されているということは知っていました。

海外でのサロン経営について、「どうやって機会を得られたんだろう」という興味がまずありましたし、私自身もちょうど、「もっと中国をはじめ、アジアに技術を広めていきたい」と思っていたときでした。

このように考えていたタイミングで、茂藤さんのほうから「髙橋先生のお力を借してください」と言っていただけたことに、つくづく深い「ご縁」を感じています。

私が、自分で実施しているエステティシャンの技術講習以外で、定期的に指導をしているエステティックサロンは、クールプロジェクトだけです。

クールプロジェクトのスタッフのみなさんは、言葉遣いやおじぎの仕方などが本当にきちんとしています。「スタッフを見ればすぐにその会社が分かる」とよく言いますが、まさにその通りで、社員教育がしっかりなされていることが伝わってきます。

とにかく、みなさんは真面目で、私の教える技術を一生懸命練習し、学ぶ姿勢に感動しました。そして、とてもモチベーションが高いんです。

クールプロジェクトでは、学ぶ環境をつくることをとても大切にしていて、茂藤さんはその環境を惜しげもなく与えられていますから、それがスタッフの方々にとっての財産となり、ひいては未来の売上増につながるのではないでしょうか。

クールプロジェクトは、人材をしっかり育てることを実践されている、業界でも数少ない会社だと思っています。私にとっても、彼女たちに教えることで自分のスキルも上がりますし、楽しくやらせていただいています。

中国は、この10年ほどの間に、本当に大きく変わりました。服装や髪形がおしゃれになり、みなさんがばっちりメイクをして、まつげエクステやネイルなどは、日本人以上にこだわっている方もいます。

でも、ファンデーションを厚く塗る割に、クレンジングや洗顔はちゃんとできていなかったりするんです。私がデモンストレーションでクレンジングと洗顔のやり方を教えてあげると、すごく肌が白くなるので、みなさんびっくりしています。

そのような方たちが美容の仕事に携わっているというのが現状なのですが、逆にいえば、まだ伸びしろがあるということです。だからこそ、中国の女性たちに、きちんとした技術を教えてあげたいと思うのです。

私は、日本人の「手」は、特別だと思っています。繊細で優しく丁寧で、ソフトタッチもできるし、強めにもできる。同じことをやっていても、「手」の感触がほかの国の方とは違うんです。

それと、私もそうなのですが、日本人は人に対して「これをやってあげたい」「きれいにしてあげたい」という気持ちを持っていて、そんな気持ちでお客さまと接しているエステティシャンが多いと思います。もともと、「おもてなし」の心を持ち合わせているんでしょうね。そこも、ほかの国の方とは違う部分だと感じています。

「手」には、その人の気持ちが表れます。肌と肌との触れ合いなので、自分の心の乱れがお客さまじかに伝わってしまいます。心の込もったお手入れを施してあげることができるのが日本式のエステティックであり、アジアで受け入れられている理由だと思います。

近年は「手」を使ったエステティックのほうを重要視するようになっています。そうなったときに、日本人の「手」は絶対に負けません。最終的には、エステティックの機器に頼らない、技術のしっかりしたエステティックが生き残っていくのだと思います。

技術に加え、おもてなしの心を持つクールプロジェクトのみなさんと共に、日本の繊細な文化を伝えながら、一緒にアジアの女性をきれいにしていきたいですね。

Mika Takahashi

大手エステティックサロンを経て、
27歳で独立。
2004年、東京都内でエステティックサロン
「ミッシィボーテ」をオープン。
多数の芸能人、著名人から支持され、
「ゴッドハンド」とも呼ばれる。
そのテクニックは著書やイベント、
講習会などで各メディアの注目を集め、
プロデュースコスメ化粧品
「M'S COSME（エムズコスメ）」も好評。

おわりに

ある日のことです。

サロンのスタッフたちが、何やら興奮した様子で騒いでいました。

何ごとかと思い、聞いてみると、1人のスタッフが勢い込んで2枚の写真を手に私の元に駆け寄ってきました。

「社長、見てください。フェイシャルの効果がすごく出ているんです！」

施術前と施術後の写真を見せられましたが、正直、私にはどこが変わっているのか分かりませんでした。すると、スタッフはこう言ったのです。

「よく見てください。目尻のしわが4本あったのが3本に減っているんですよ！　お客さまからもすごく感謝されています」

なるほど、よく見ると、そのようにも見えました。

そして、このとき、こう思ったのです。

「たった1本のしわが消えるだけで、お客さまもスタッフもこんなにも喜ぶんだ」と。

男性である私にはたいした違いではないことでも、女性にとっては、ほんの少しでも「美しくなった」と実感できれば、それだけで幸せを感じることができるのだ、と改めて気づかされたできごとでした。

現在、60代以降の女性の間でも、顔やVIO（Vライン、Iライン、ヒップ奥のOライン）の脱毛がブームになっているようです。

当社のサロンには、70代以上のお客さまもいらっしゃいます。「私が寝たきりになったときにムダ毛が生えているのは嫌だから」と、脱毛をされるのです。

どんなに年齢を重ねても、たとえ寝たきりになったとしても、女性は「いつまでも、どんなときでも美しくありたい」と思うのでしょう。

美しさとは、外見だけを磨くことではありません。

外見の美しさは、内面の美しさが表れていなければ、それは本当に「美しい」とは言えないと私は思います。

エステティックには、その真の美しさを現実のものにする力があります。

お客さまのために、最大限の技術を用いて真心の込もったサービスを提供し、目に見える結果を出すことで、コンプレックスを解消してさしあげることができます。

すると、お客さまは再び自信を持つことができ、気持ちがどんどん前向きになって、心の豊かさを取り戻すことができるのです。

身も心も満たされるのは、お客さまだけではありません。

お客さまを施術するエステティシャンも同じです。

挨拶をしっかりとし、ルールを守る。お客さまを思い、「きれいになっていただきたい」と願いを込めながら、笑顔で接客・サービスをする。そのようなプロ意識をきちんと持ったエステティシャンになることで、女性として、一人の人間としての価値が上がります。

お客さまのためを思ってやることが、自分のためにもなる。

お客さまも自分も美しくなる。

こんなにもハッピーな仕事は、世の中にはなかなかないのではないでしょうか。

私が、新人研修などで行っているトレーニングで使う言葉に、「他喜力」(67ページ参照)という言葉があります。これは、「他人の喜びを自分の喜びにする力、他人に喜びを与える力」という意味です。成功できない人は、自分の喜びだけを追求します。成功する人は、自分以外の人、他人の喜びを追求します。

喜ぶ人がいると、人はやる気になります。

人に喜ばれ、「ありがとう」と言われることが、あきらめない力を生み出すのです。

私たちのサロンには、多くのお客さまからの「ありがとう」があふれ、それがスタッフたちが生き生きと働く原動力になっています。

思えば、私がクールプロジェクトを創業したのも、目の前の困っている友人たちを助けたい、彼女たちと同じような悩みを抱える多くの女性たちを喜ばせたい、という思いからでした。

「人を喜ばせたい」というのは、実は私の子どもの頃からの性分だったようです。小さい頃から常に人の輪の中にいて、周りを楽しませることが大好きでした。

小学校のとき、3歳年上の兄と共にボーイスカウトに入隊し、ボランティア活動やブラスバンドに励んでいました。ブラスバンドの演奏では、いつも花形ポジション（笑）、つまり、チームの雰囲気をつくる指揮者に任命されるキャラクターです。そんな性格は、大人になった今も自分自身の根幹だと思っています。


今も変わらず「人を喜ばせたい」という思いを持ち続けています。

美しくなる喜びを、世界中の、あらゆる年代の女性たちに届けること。

それが私の使命でもあると感じています。


世の中のすべての女性を幸せにすることができるエステティックは、単なるビジネスではありません。

ビジネスを超えた〝魔法の力〟といってもいいでしょう。

私は、これからもこの魔法をかけ続けていきたいと思います。

茂藤雅彦 Masahiko Moto

株式会社クールプロジェクト 代表取締役社長
一般社団法人国際エステティック美容協会 理事長
1966年石川県生まれ。北陸大学薬学部を経て、医療機器販売会社セントラルメディカル、プルデンシャル生命保険に勤務。2002年クールプロジェクトを設立し、石川、富山、福井に「クールエステティック」を展開。「顧客満足度ナンバーワンエステティックサロン」を目指し、独自の「クール式」人材育成カリキュラムでスタッフのコミュニケーション能力を上げ、顧客リピート率99%を達成。そのノウハウを「茂藤塾」で同業者にも公開し、国内のみならず中国を中心に海外からも多数の受講者を集めている。
クールプロジェクトHP https://coeur-project.jp/

**すべての女性を美しく 笑顔にいざなう
エステの魔法を、アジアへ**

2019年10月2日 第1刷発行

著者	茂藤雅彦
発行所	ダイヤモンド社
	〒150-8409 東京都渋谷区神宮前6-12-17
	https://www.diamond.co.jp/
電 話	03-5778-7235(編集) 03-5778-7240(販売)
ブックデザイン・装丁	伊丹弘司
イラスト	直美
校正	鈴木健一郎
製作進行	ダイヤモンド・グラフィック社
印刷	加藤文明社
製本	ブックアート
企画協力	狩野 南
編集担当	柿本 茂

ISBN 978-4-478-10896-3